틈만 나면 보고 싶은
융합 과학 이야기

롤러코스터가 사라졌다!

틈만 나면 보고 싶은 융합 과학 이야기
롤러코스터가 사라졌다!

초판 1쇄 발행 2015년 2월 10일
초판 3쇄 발행 2016년 1월 25일

글 서지원, 조선학 │ **그림** 이창섭 │ **감수** 구본철

펴낸이 이재석 │ **편집본부장** 최재혁 │ **편집팀장** 최은주 │ **책임편집** 최지연
디자인팀장 김국훈 │ **디자인** 이소연 │ **본문 편집** 구름돌(문주영, 이현경, 김홍비, 홍진영)
사진 제공 유로크레온, 두피디아 포토박스, PNAS

펴낸곳 동아출판㈜ │ **주소** 서울시 영등포구 은행로 30 9층
대표전화(내용구입교환 문의) 1644-0600 │ **홈페이지** www.dongapublishing.com
신고번호 제300-1951-4호(1951. 9. 19.)

ISBN 978-89-00-37667-8 74400   978-89-00-37669-2 74400 (세트)

틈만 나면 보고 싶은
융합 과학 이야기

롤러코스터가 사라졌다!

글 서지원·조선학   그림 이창섭

감수 구본철(전 KAIST 교수)

동아출판

미래 인재는 창의 융합 인재

이 책을 읽다 보니, 내가 어렸을 때 에디슨의 발명 이야기를 읽던 기억이 납니다. 그때 나는 에디슨이 달걀을 품은 이야기를 읽으면서 병아리를 부화시킬 수 있을 것 같다는 생각도 해 보았고, 에디슨이 발명한 축음기 사진을 보면서 멋진 공연을 하는 노래 요정들을 만나는 상상을 하기도 했습니다. 그러다가 직접 시계와 라디오를 분해하다 망가뜨려서 결국은 수리를 맡긴 일도 있었습니다.

지금 와서 생각해 보면 어린 시절의 경험과 생각들은 내 미래를 꿈꾸게 해 주었고, 지금의 나로 성장하게 해 주었습니다. 그래서 나는 어린 학생들을 만나면 행복한 것을 상상하고, 미래에 대한 꿈을 갖고, 꿈을 향해 열심히 도전하고, 상상한 미래를 꼭 실천해 보라고 이야기합니다.

어린이 여러분의 꿈은 무엇인가요? 여러분이 주인공이 될 미래는 어떤 세상일까요? 미래는 과학 기술이 더욱 발전해서 지금보다 더 편리하고 신기한 것도 많아지겠지만, 우리들이 함께 해결해야 할 문제들도 많아질 것입니다. 그래서 과학을 단순히 지식으로만 이해하는 것이 아니라, 세상을 아름답고 편리하게 만들기 위해 여러 관점에서 바라보고 창의적으로 접근하는 융합적인 사고가 중요합니다. 나는 여러분이 즐겁고 풍요로운 미래 세상을 열어 주는, 훌륭한 사람이 될 것이라고 믿습니다.

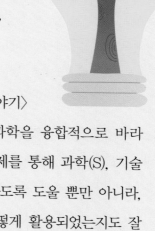

　동아출판 〈틈만 나면 보고 싶은 융합 과학 이야기〉 시리즈는 그동안 과학을 설명하던 방식과 달리, 과학을 융합적으로 바라볼 수 있도록 구성되었습니다. 각 권은 생활 속 주제를 통해 과학(S), 기술공학(TE), 수학(M), 인문예술(A) 지식을 잘 이해하도록 도울 뿐만 아니라, 과학 원리가 우리 생활을 편리하게 해 주는 데 어떻게 활용되었는지도 잘 보여 줍니다. 나는 이 책을 읽는 어린이들이 풍부한 상상력과 창의적인 생각으로 미래 인재인 창의 융합 인재로 성장하리라는 것을 확신합니다.

전 카이스트 문화기술대학원 교수 구본철

짜릿한 롤러코스터로 배우는 짜릿한 지식

놀이공원에서 가장 인기 있는 기구는 단연 롤러코스터예요. 롤러코스터 앞에는 늘 기다리는 줄이 길게 늘어서 있어요. 한 번 타려고 몇 시간을 기다려야 할 때도 있지요. 하지만 우리는 그 아찔함과 스릴감 때문에 롤러코스터를 즐길 수 밖에 없지요.

이 재미있는 놀이 기구는 17세기 러시아에서 만들어진 눈썰매 놀이에서 시작되었다고 해요. 이것이 프랑스로 건너가 나무 트랙을 갖추게 되었고, 이후 360도 회전하는 놀이 기구로 발전하게 됐지요.

만약 놀이공원의 롤러코스터가 사라져 버린다면 어떨까요?

도니는 롤러코스터광이에요. 그런데 그토록 타고 싶던 롤러코스터가 사라져 버렸지요. 롤러코스터를 훔쳐 간 건 바로 스파크 맨이었어요.

도니는 스파크 맨을 잡고 싶었지만 억지로 할머니 댁으로 가게 되고, 할머니가 안 계신 동안 마시멜로 박사님 댁에서 지내게 됩니다. 그곳에서 도니와 도라는 롤러코스터의 원리를 알게 되지요.

롤러코스터는 엔진의 힘으로 일정한 높이까지 올라가지만 그 후에는 에너지만으로 움직여요. 우리가 롤러코스터를 탈 때 짜릿한 기분을 느끼는 건 가속도 때문이고요. 이렇게 롤러코스터에는 많은 과학 원리가 함께해요.

롤러코스터

1장 롤러코스터를 찾아서!
과학) 여러 가지 힘과 에너지

2장 롤러코스터를 만들고 말겠어!
기술공학) 롤러코스터 장치와 만드는 방법

3장 롤러코스터 레일과 닮았다고?
수학) 롤러코스터 레일과 뫼비우스 띠

4장 스파크 맨은 누굴까?
인문예술) 세계의 다양한 롤러코스터

1,000m가 넘는 길이를 시속 70km보다 빠르게 질주하는 롤러코스터! 이 속에 숨은 융합 지식들을 도니와 도라의 이야기를 통해 알아보도록 해요.
과연 놀이공원의 보배인 롤러코스터를 감쪽같이 훔쳐간 스파크 맨은 누구일까요? 동에 번쩍, 서에 번쩍하는 스파크 맨의 정체를 파헤쳐 볼까요?

서지원, 조선학

차례

1장 롤러코스터를 찾아서!

2장 롤러코스터를 만들고 말겠어!

3장 롤러코스터 레일과 닮았다고?

4장 스파크 맨은 누굴까?

롤러코스터를 찾아서!

으악,
내 롤러코스터!

사라진 롤러코스터를 찾아 나선 도니와 도라

사라져 버린 롤러코스터

"으악!"

내가 매직 아일랜드의 롤러코스터를 타려고 엄마랑 아빠를 얼마나 들들 졸라 댔는데!

엄마에게 열심히 공부하겠다고 손이 발이 되도록 빌고 또 빌었다. 징징거리는 도라를 학교까지 데리고 가는 일도, 맛있는 반찬을 모두 도라에게 양보하는 일도, 도라가 어지럽힌 방을 청소하는 일도 기꺼이 참고 했다.

어디 그뿐이었던가.

아빠 구두도 닦았고, 분리수거도 했고, 냄새나는 음식물 쓰레기도 직접 갖다 버렸고, 착한 아이가 되려고 컴퓨터 게임, 핸드폰 게임이 하고 싶어도 참고 또 참았다.

그 모든 노력은 오로지 이곳 매직 아일랜드에 있는 롤러코스터를 타기 위한 것이었다.

"그런데 롤러코스터가 사라졌어. **흔적도 없이 사라졌다고!**"

나는 롤러코스터 타는 걸 세상에서 제일 좋아하는 용감한 어린이다.

작년 소풍 때 이 놀이공원에서 롤러코스터를 탔던 느낌을 잊을 수가 없어 엄마랑 아빠를 조르고 졸라 이곳까지 온 것이었다.

나의 피눈물 나는 노력에 하늘도 감동했을 줄 알았는데…….

이 모든 노력이 물거품이 되어 버리다니!

나는 다리에 힘이 풀리고 팔 끝이 **저릿저릿** 저리는 것 같았다.

"도니 오빠! 뭐해?"

"저리 가ー!"

여동생 도라는 심부름을 시킬 때만 빼면 귀찮은 존재다. 도라는 언제나 내 옆에 찰싹 달라붙어서 어딜 가든 따라다닌다. 놀이 기구 타는 게 무섭고 싫다면서도 내 곁에서 떨어지기 싫어 억지로 롤러코스터를 타곤 한다. 게다가 눈치 없이 아무 때나 끼어들어 훼방을 놓고, 내 동생이지만 정말 얄밉기 짝이 없다.

도라는 놀이공원에서 롤러코스터가 사라져 버린 것을 보고 속으로 박수를 치는 것 같았다.

내가 가장 좋아하는 롤러코스터를 탈 수 없게 되다니, 흑흑!

맙소사!

혹시 꿈은 아닐까 하는 생각으로 몇 번이나 볼을 꼬집어 보았다.

볼이 아프다 못해 얼얼해 왔다. 꿈이 아니었다.

정말 롤러코스터가 감쪽같이 사라져 버린 것이다.

나는 넋을 놓고 서 있었다. '윙' 소리를 내며 싸늘한 바람이 내 곁을 스쳐 지나갔다. 나를 지켜보던 도라가 마지못해 한마디 했다.

"다른 놀이 기구라도 타."

"싫어!"

나는 잔뜩 골이 나서 말했다.

"그럼 그냥 집으로 돌아가자."

아빠랑 엄마가 놀이공원을 획 둘러보면서 말하자 아찔한 롤러코스터라면 질색을 하는 도라가 방긋 웃으며 대꾸했다.

"그래, 가자."

나는 도라를 빠지직 번개가 튈 만큼 매섭게 노려보았다.

하지만 이미 엄마랑 아빠는 저만치 가 버린 상태였다.

결국 나는 억지로 차를 타고 집으로 돌아가야만 했다.

집에 도착하자 아빠는 이내 소파에 드러누워 낮잠을 청했고, 엄마는 부엌에서 저녁 준비를 했다. 도라도 제 방에 들어가서 나오지 않았다.

나는 억울해서 아무것도 손에 잡히지 않았다.

아빠가 그러는데 어른이 되면 가장 하기 싫은 일 가운데 하나가 주말에 아이들에게 이끌려서 놀이공원에 가는 것이란다.

정말, 정말 귀찮다나.

그런 아빠와 엄마를 졸라서 놀이공원에 가려고 얼마나 애썼는데!

생각하면 할수록 억울하고 분해서 얼굴이 홍당무처럼 뻘겋게 달아올랐다. 그때였다. 아빠가 소파에 드러누운 채로 리모컨을 눌렀다.

마침 텔레비전에서는 뉴스가 흘러나왔다. 우리가 갔던 놀이공원의 롤러코스터에 대한 것이었다.

"전 세계의 롤러코스터들이 사라지고 있습니다. 자신을 스파크 맨이라고 밝힌 도둑이 롤러코스터를 훔쳐 달아났습니다."

텔레비전 속 기자의 말에 나는 눈을 부릅떴다.

롤러코스터가 사라진 게 스파크 맨이라는 도둑 때문이었다니!

15

롤러코스터를 되찾아 오겠어!

나는 화가 치밀었다. 텔레비전 앞에 서서 주먹을 불끈 쥐었다.

"내가 스파크 맨을 찾아, 훔쳐 간 롤러코스터를 **되찾아 오겠어!**"

도라는 비웃으며 말했다.

"무슨 수로 되찾겠단 거야? 오빠가 탐정도 아니면서……."

맞는 말이었다.

하지만 **나는 롤러코스터에 관해서 만큼은 박사였다.**

"강철로 만든 롤러코스터 가운데 가장 높은 롤러코스터는 미국의 식스 플래그 그레이트 어드벤처에 있는 높이 139m의 킹다카, 나무로 만든 롤러코스터 가운데 가장 높은 것은 독일의 하이데 파크에 있는 높이 60m의 콜로서스지."

이것뿐만이 아니었다. 나는 이런 것도 알고 있었다.

밀레니엄 포스, 톱 스릴 드래그스터, 티 익스프레스, 하데스, 썬 오브 비스트, 포뮬러 로사, 타이탄, 도돈파, 슈퍼맨, 타워 오브 테러 투.

세계에서 유명한 롤러코스터들의 이름을 **줄줄** 외우고 있었다. 또 유명한 롤러코스터의 특징도 알고 있었다.

세계에서 가장 긴 롤러코스터의 이름은 일본에 있는 스틸 드래곤 2000이고 길이는 2,479m라는 것, 세계에서 가장 많은 롤러코스터가 있는 놀이공원은 미국의 시더 포인트라는 것, 우리나라의 첫 롤러코스터는 1973년 5월 5일에 개장한 서울 어린이 대공원의 청룡 열차라는 것 등 롤러코스터에 대한 것이라면 나는 뭐든 다 알고 있었다.

'그런 내가 롤러코스터를 탈 수 없게 되다니!'

나는 힘이 쭉 빠지고 말았다. 그날 저녁 내내 나는 롤러코스터가 사라진 것에 대해 투덜거렸다. 그러자 아빠가 밥을 먹다 말고 호기심 어린 눈빛으로 말했다.

난 롤러코스터라면 모르는 게 없다고!

쳇, 또 시작이군.

도니는 롤러코스터 이야기만 나오면 시끄러워진다니까요!

"롤러코스터를 도둑맞은 게 우리나라만이 아니라던데."

"네, 미국, 일본, 영국 등등 세계의 롤러코스터들이 하나씩 사라지고 있죠."

나는 한숨을 내쉬었다.

"이제 놀이공원에서 롤러코스터를 탈 수 없게 되겠군."

"말도 안 돼요〰〰！"

"그 커다란 걸 감쪽같이 훔쳐 갔다잖아. 스파이크 맨인지 스파크 맨인지 하는 그 도둑을 무슨 수로 잡겠어?"

"도둑을 못 잡는다면 차라리 제가 직접 롤러코스터를 만들겠어요."

나는 주먹을 쥐며 소리쳤다.

"그래?"

아빠는 대수롭지 않게 대꾸했다.

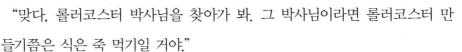

"무슨 수로?"

도라가 물었다.

"글쎄."

"맞다, 롤러코스터 박사님을 찾아가 봐. 그 박사님이라면 롤러코스터 만들기쯤은 식은 죽 먹기일 거야."

"박사님요?"

"별명이 **마시멜로 박사님**인데 할머니 옆집에 살고 계시지."

아빠의 속셈은 뻔했다. 황금연휴 기간 동안 우리를 할머니 댁에 보내 놓고 두 발 쭉 뻗고 쉬려는 것이 분명했다. 나는 단번에 싫다고 대답했다. 하지만 눈치 없는 도라가 또 훼방을 놓았다.

"난 가고 싶어요!"

"그럼 너 혼자 가든가!"

"싫어, 난 오빠랑 같이 갈 거야."

도라가 내게 바짝 달라붙었다.

"이 껌딱지 같으니라고!"

내가 **버럭** 소리쳤다. 그러자 엄마가 도끼 같은 눈으로 나를 노려보았다.

나는 금세 주눅이 들었다. 아빠가 우리 사이에 끼어들며 말했다.

"그러지 말고 다수결로 정하자."

투표 결과는 3:1이었다.

아빠와 엄마, 도라가 한편이었고 나만 **외톨이**였다.

결국 나와 도라는 시골 할머니 댁으로 여행을 가게 됐다.

마시멜로 박사님을 만나다

무려 다섯 시간 만에 도착한 곳은 할머니가 살고 계신 시골의 작은 버스 정류장이었다. 버스에서 내리자 **회색 머리**에 무스를 잔뜩 바르고 **흰 가운**을 입은 할아버지가 우리를 향해 인사했다.

얘들아, 안녕!
내가 마시멜로 박사란다.
어서 타라.

"만나서 반갑구나. 내가 마중을 나와서 놀랐니? 원래대로라면 너희 할머니가 마중을 나오셨겠지만, 지금 ♨**온천 여행**을 떠나고 안 계셔. 알다시피 지금은 황금연휴잖니. 그래서 너희를 내게 부탁하셨단다."

"그럼 우린 어디서 지내요?"

내 질문에 박사님은 아주 당연하다는 듯 대꾸했다.

"그야, 우리 집이지."

박사님은 낡은 차 트렁크에 우리 짐을 옮겨 실었다.

도라는 망설임 없이 박사님 차에 떡하니 올라탔다.

나는 인상을 잔뜩 **찌푸리고** 서 있다가 마지못해 차 문을 열었다.

"출발 안 하세요?"

"기다려 보렴. 차가 움직이려면 **힘이 있어야 하잖니.**"

박사님은 시동을 걸고 한참을 기다리더니 운전을 시작했다.

차는 아주 느리게 움직였다.

"이 속도로 언제 집에 도착하겠어요?"

내가 시큰둥하게 묻자, 박사님이 말했다.

"좀 기다려 봐. 언덕을 올라갈 때는 힘들지만, 내려갈 때는 롤러코스터보다 더 짜릿할 테니까."

"어떻게요?"

도라가 신기하다는 듯 눈을 **동그랗게** 떴다.

그러자 박사님은 차에 작용하는 힘이 그렇게 만들어 줄 거라고 대답했다.

차가 왜 이렇게 느린 거야?

오빠! 저기 봐. 개미랑 쇠똥구리야.

자동차가 달리려면 힘이 필요하단다.

힘 하면 나지!

"힘이 먼데요?"

"킥킥, 힘은 물체의 모양이나 운동 상태를 변화시키는 원인이야. 운동 상태가 변한다는 건 힘에 의해 물체의 속도가 달라진다는 것이란다. 속력과 속도의 차이는 알고 있지? 속력은 물체의 빠르기를 말하고, 속도는 물체의 빠르기와 운동 방향 둘 다 말하지. 무슨 말인지 이해하겠니?"

"그러니까 물체의 빠르기를 바꾸거나, 운동 방향을 바꾸는 게 바로 힘이란 거네요."

도라가 고개를 끄덕이며 말했다.

"그렇지! 바로 그거야."

박사님은 힘에는 중력, 탄성력, 원심력, 전기력, 자기력, 마찰력 등이 있다고 하셨다.

도라는 눈을 반짝이며 박사님의 이야기를 들었다. 하지만 나는 하품만 해 댔다.

갑자기 차가 부릉거리더니 길에 멈추어 섰다.

"집에 안 가실 거예요?"

나는 시큰둥하게 쏘아붙였다.

"그것 봐라. 힘이 없으면 이 차는 갈 수가 없다고 했잖니."

"알았어요."

"네가 그토록 타고 싶은 롤러코스터도 마찬가지지. 힘이 없으면……."

"움직이지 않아요!"

도라가 무릎을 탁 치며 소리쳤다.

그 순간 나는 귀가 번쩍 뜨이는 것 같았다.

"박사님은 롤러코스터 만드는 방법을 알고 계신 건가요?"

"글쎄, 그건 스파크 맨이 더 잘 알고 있겠지?"

"스파크 맨? 박사님, 스파크 맨에 대해 뭔가 알고 계세요?"

나는 주먹을 꽉 쥐며 되물었다.

박사님은 회색 머리카락을 매만지며 씩☺ 의미심장한 웃음을 지었다.

"우선 힘에 대해 알려 주마."

"싫어요. 전 당장 롤러코스터를 만들고 싶단 말이에요."

"그래도 들어야 해. 힘을 알아야 롤러코스터를 만들지."

박사님은 노트를 꺼내 우리 주변에서 작용하는 힘에 대해 설명하셨다.

여러 가지 힘

중력

중력은 지구가 물체를 끌어당기는 힘을
말한다. 우리 몸이 공중에 붕붕 떠다니지
않고, 땅을 딛고 서 있는 건 중력 때문이다.

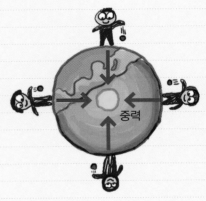

탄성력

탄성력은 외부의 힘을 받아 모양이 변한
물체가 원래 상태로 되돌아가려는 힘이다.
힘에 의해 줄어든 용수철이 다시 늘어나는
것도 탄성력 때문이다.

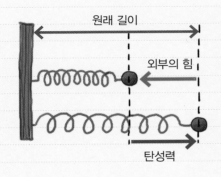

원심력

원운동을 하는 물체가 밖으로 나가려는
힘을 원심력이라고 한다. 자동차를 타고
급커브를 돌면 사람이 바깥쪽으로 쏠리는
것도 이 원심력 때문이다.

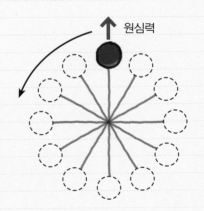

전기력

전기를 띤 물체 사이에서 작용하는 힘이 전기력이다. 다른 전하를 띤 물체끼리는 서로 끌어당기고, 같은 전하를 띤 물체끼리는 밀어낸다.

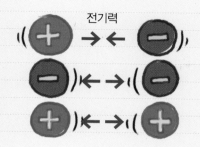

자기력

자기력은 자석의 두 극 사이에서 작용하는 힘이다. 같은 극끼리는 밀어내는 힘이, 다른 극끼리는 끌어당기는 힘이 작용한다.

마찰력

마찰력은 두 물체가 접촉하는 면에서 물체의 운동을 방해하는 방향으로 생기는 힘이다. 접촉하는 면이 거칠거칠할수록 마찰력은 커진다.

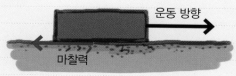

에너지까지 알아야 한다고?

"힘의 종류를 알았으니 이제 롤러코스터를 만들러 가요."

"아직 안돼!"

"힘의 종류 말고도 알아야 할 게 또 있어요?"

"당연하지. 힘과 에너지가 어떻게 다른 줄은 아니?"

박사님의 말에 나는 두 눈만 **깜박거렸다.**

"힘과 에너지의 차이도 모르면서 롤러코스터를 만들겠다니. 쯧쯧"

박사님은 힘과 에너지를 반드시 구분할 줄 알아야 한다고 하셨다.

"힘과 에너지는 달라. 에너지는 일할 수 있는 능력인데, 크기는 있지만 방향은 없어. 하지만 힘은 물체의 운동 상태를 변하게 하는 능력이고, 크기와 방향이 있지. 만약 도니 네가 무거운 짐을 3층까지 옮겼다면 그건 힘을 쓴 거야. 힘을 써서 물체의 위치를 바꾸었으니까. 반면 도라가 무거운 짐을 가만히 들고만 있었다면, 그건 에너지를 쓴 거란다. 자, 에너지에 대해 더 자세히 알려 줄게."

왜 이렇게 힘들어.

힘 좀 써 봐!

난 에너지를 써서 짐을 들고 있는 거야.

도라는 에너지를 사용했고 도니는 힘을 쓴 것이란다.

박사님은 말을 이어 가셨다.

"예를 들어, 책상 위를 굴러가고 있는 **야구공**이 있어. 이 야구공은 굴러 가기 때문에 운동 에너지를 가지고 있단다. 그리고 야구공이 굴러가다가 어떤 물체에 부딪쳐서 그 물체가 움직였다고 하자. 결국 야구공이 그 물체에 힘을 가해서 그 물체가 이동한 거지. 즉 에너지가 일로 바뀌는 거야."

박사님은 에너지가 일로 바뀌는 것뿐만 아니라, 에너지끼리도 서로 바뀔 수 있다고 말씀하셨다. 이렇게 에너지 종류가 바뀌는 것을 '에너지 전환'이 라고 하셨다.

박사님이 설명하는 동안 도라는 손바닥을 비벼 댔다. 손바닥을 계속해서 비비자 피부에서 **뜨끈뜨끈** 열이 났다.

도라는 뜨거워진 손바닥을 내 얼굴에 갖다 대며 장난스레 말했다.

"따뜻하지?"

그 모습을 본 박사님은 무릎을 탁 치며 외치셨다.

"빙고"

"빙고라니요?"

"방금 도라가 에너지 전환을 일으켰단다."

"제가요?"

도라가 눈을 끔뻑거렸다.

"그래, 손바닥을 비벼서 마찰 에너지를 뜨끈뜨끈한 열에너지로 바꾸었잖 니. 그게 바로 **에너지 전환**이야."

"에너지는 생각보다 바꾸기가 쉬운 건가 봐요."

도라는 뭘 이해한 것처럼 턱을 괴고서 심각하게 말했다.

"에너지는 쉽게 전환되지. 우리 주변에서 에너지가 전환되는 예는 아주 쉽게 찾을 수 있어. 선풍기가 바람을 일으켜 시원하게 해 주잖니. 이건 전기 에너지가 선풍기 날개를 돌아가게 하니까 전기 에너지가 운동 에너지로 바뀌는 것이란다."

박사님은 아직도 **어리둥절한 표정**을 짓는 나에게 질문하셨다.

"도니야, 난로를 본 적 있니?"

"네, 할머니 댁에 갔을 때 거실에서 석유 난로를 봤어요. 난로에 석유를 넣을 때는 주유소 냄새가 났어요."

"석유는 자동차 연료와 비슷한 화석 에너지라 주유소 냄새가 난 거란다. 그럼, 난로에 불이 **활활** 타올라 따뜻한 열을 낼 때는 어떤 에너지 전환이 일어난 걸까?"

'석유가 화석 에너지니까……'

내가 골똘히 생각하고 있는데, 옆에서 도라가 불쑥 끼어들었다.

"화석 에너지가 열에너지로 전환된 거예요!"

높은 곳에 있던 돌이 아래로 떨어질 때 위치 에너지가 운동 에너지로 바뀐다.

박사님은 도라의 머리를 쓰다듬으며 칭찬해 주셨다.

"**껌딱지!** 나도 박사님께 칭찬 받을 수 있었는데."

나는 억울해서 작은 소리로 중얼거렸다.

옆에 있던 도라가 내 말을 들었는지 **으쓱하며** 말했다.

"다음번엔 오빠가 맞혀. 오빠한테 기회를 줄게!"

"시끄러워!"

거들먹거리는 도라가 얄미워서 나는 도라를 향해 혀를 내밀었다.

"자, 다투지 말고 에너지 이야기를 더 들어 보렴. 에너지는 형태가 바뀌어도 양은 바뀌지 않아."

"정말요?"

나는 눈을 **말똥말똥** 떴다.

"에너지의 형태가 바뀌어도 에너지의 양은 변하지 않는 것을 '에너지 보존'이라고 해. 높은 곳에 있던 물체가 아래로 내려오면 위치 에너지가 줄어들고 운동 에너지가 커져. 이때 두 에너지의 합은 항상 같다는 거지. 이해했어?"

"조금은요."

에너지에 대한 복잡한 설명을 모두 이해할 수는 없었다.

어쨌든 내 머릿속에는 어떻게 하면 롤러코스터를 만들 수 있을까 하는 생각만 가득했다.

물이 흐르는 레일을 따라 이동하는 놀이 기구이다. 이 놀이 기구는 높은 곳에서 아래로 내려올 때 위치 에너지가 운동 에너지로 전환되며 속력이 빨라진다. 이때 물이 튀어 색다른 재미를 느낄 수 있다.

롤러코스터에서는 에너지가 전환돼!

"이제 힘과 에너지에 대해 알았으니 롤러코스터가 어떤 원리로 움직이는지 알아볼까?"

"전 다 알아요."

"우리 오빠 롤러코스터 박사예요."

내가 거들먹대며 말하자, 도라가 **큰** 소리로 맞장구쳤다.

"그래? 그럼 퀴즈를 내 보마. 롤러코스터는 길이가 1km 이상 되는 레일을 빠른 속도로 달리지. 이때 롤러코스터가 어떤 힘으로 달리는 걸까?"

"그야 당연히 엔진의 힘이죠."

질문이 너무 쉬워서 어이가 없어진 나는 **피식** 웃으며 대답했다.

"땡! 틀렸단다. 롤러코스터가 출발할 때는 엔진을 이용하여 일정한 높이까지 올라가지만, 그 이후에는 에너지만으로 달리는 거란다."

"에이, 엔진을 사용하지 않고 어떻게 그 긴 길이를 씽🌀🌀 달려가요?"

"흐흐, 그게 바로 롤러코스터 속에 숨겨진 과학이지. 비밀은 위치 에너지와 운동 에너지가 쥐고 있단다."

나는 눈을 동그랗게 떴다.

"롤러코스터는 전기를 이용하는 엔진의 힘으로 출발한 뒤 높은 지점까지 올라가지. 그래야 롤러코스터에 **위치 에너지가 생기니까.** 그 뒤에는 순전히 롤러코스터가 가진 에너지만으로 움직인단다. 그래서 롤러코스터 레일은 모두 출발점에서 무조건 높은 곳으로 올라가게 만들어져 있어. 그동안 탔던 롤러코스터 레일을 잘 생각해 봐."

"높은 곳에서 움직이는 거랑 엔진을 사용하지 않는 게 무슨 상관이에요?"

내가 따지듯 묻자 박사님이 인상을 **찌푸리며** 설명을 계속하셨다.

"높은 곳에 올라간 롤러코스터가 내려오면서 위치 에너지가 운동 에너지로 바뀌게 돼. 그리고 롤러코스터가 다시 높은 곳으로 올라가면 운동 에너지가 다시 위치 에너지로

우아! 높다.

높은 곳에 있는 롤러코스터는 낮은 곳으로 내려가면서 위치 에너지가 운동 에너지로 바뀐다.

바뀌지. 앞에서 말한 에너지 전환 기억하지? 롤러코스터가 레일을 따라 움직일 때 에너지 전환이 여러 번 일어난단다."

박사님은 롤러코스터가 움직일 때 어떻게 에너지가 전환되는지 자세히 설명하기 시작하셨다.

"롤러코스터가 높은 곳에서 낮은 곳으로 내려오면, 위치 에너지는 작아지고 운동 에너지는 커져. 하지만 롤러코스터가 다시 높은 곳으로 올라가면 위치 에너지가 커지고 운동 에너지는 작아지지. 낮은 곳으로 내려오면서 위치 에너지가 운동 에너지로 바뀌고, 높은 곳으로 올라가면서 운동 에너지가 다시 위치 에너지로 바뀌고……. 이렇게 롤러코스터는 에너지가 전환되면서 움직이기 때문에 엔진을 사용하지 않고도 빠르게 달릴 수 있어. 그리고 이렇게 에너지를 바꾸며 달리는 롤러코스터가 멈추지 않는 이유는 에너지가 전환되어도 그 양은 일정하기 때문이지."

출발!

내려간다.

출발 지점에서 높은 곳까지 올라갈 때는 전기 에너지가 위치 에너지로 바뀐다.

아래로 내려갈 때는 위치 에너지가 운동 에너지로 바뀐다.

START

나는 머릿속으로 바뀐 에너지에 대해 상상해 보았다.

위치 에너지가 운동 에너지로, 또 운동 에너지가 위치 에너지로, 끊임없이 반복해서 바뀌는 모습을 떠올리자 속이 울렁거렸다.

"윽, 멀미가 날 것 같아요."

"허허, 에너지 전환 때문에 멀미가 나다니. 하긴 맞는 말이구나."

박사님은 빙긋 웃으며 롤러코스터를 움직이게 하려면 에너지 전환을 잘 이해해야 한다고 하셨다.

"롤러코스터가 움직일 때 어떻게 에너지가 바뀌는지 이해했으니, 이제 롤러코스터를 만들어도 되나요?"

나는 당장이라도 **스파크 맨이 훔쳐 간 롤러코스터**를 대신할 롤러코스터를 만들고 싶었다.

"급하긴. 이것만으로는 롤러코스터를 만들 수 없어. 아직 중요한 게 많이 남았거든."

"그게 뭔데요?"

의미심장한 **웃음**을 짓는 박사님의 얼굴이 백미러를 통해 보였다.

나는 침을 꿀꺽 삼켰다.

올라간다.

야호!

다시 위로 올라갈 때는
운동 에너지가
위치 에너지로 바뀐다.

짜릿한 기분을 느껴라!

"롤러코스터를 타면 **짜릿한** 기분을 느끼는 이유가 뭔지 아니?"

"글쎄요."

내가 고개를 갸우뚱하자, 도라가 놀렸다.

"치, 롤러코스터 박사라면서 그것도 몰라?"

박사님은 **멋쩍게** 웃는 나를 보며 다시 말씀하셨다.

"그건 가속도 때문이란다. 가속도란 시간에 따라 속도가 얼마나 변하는지를 나타낸 값이란다. 전체 속도의 변화량을 움직이는 데 걸린 시간으로 나누면 구할 수 있지."

> 가속도=속도의 변화량÷걸린 시간

"사람은 속도의 변화를 매우 예민하게 느껴서 가속도가 빨라지면 빨라질수록 흥분하고 긴장한단다. 이것은 사람에 따라서 큰 자극이 되기도 하지. 롤러코스터는 **가속도를 이용하여** 사람들에게 즐거움을 주는 놀이 기구야. 가속도가 얼마나 큰 폭으로 변하는지에 따라 재미있는 롤러코스터가 되느냐, 그렇지 못하느냐가 판가름 나는 거지."

박사님은 가속도를 느낄 수 있는 번지 점프에 대해서도 말씀해 주셨다. 번지 점프라면 나도 텔레비전에서 **흥미진진하게** 본 적이 있었다.

"높은 곳에서 몸을 끈으로 묶고 아래로 뛰어내리는 번지 점프는, 뛰어내

리는 운동 방향과 지구가 우리를 끌어당기는 중력 방향이 같아서 속력이 점점 **빨라지게** 되지. 생각만해도 정말 아찔하지 않니?"

번지 점프를 하고 있는 내 모습을 상상하는 것만으로 신이 났다. 그러나 도라는 생각도 하기 싫다는 듯이 몸을 《떨었다.》

"롤러코스터에서 가장 **무서운** 자리는 어디일까?"

박사님은 새로운 질문을 하나 하셨다.

"제일 앞자리요."

나는 망설이지 않고 대답했다. 내 경험상, 롤러코스터는 앞자리가 가장 무서운 것 같았기 때문이다.

"왜 그렇게 생각하니?"

"왜냐하면 눈앞을 가리는 게 하나도 없으니까요. 그리고 속력이 빨라지는 것도 제일 먼저 느끼잖아요?"

"그럴 듯하지만 안타깝게도 정답은 앞자리가 아니란다."

"그럼 어느 자리가 가장 무서워요? 솔직히 난 어느 자리든 다 무서웠는데……."

나도 궁금하던 차에 도라가 먼저 물었다.

"롤러코스터는 뒷자리가 가장 무섭단다."

"알았다! 뒷자리가 제일 많이 **덜컹** 대고 떨려서 그런 거죠?"

도라가 눈치 없이 끼어들었다.

점점 더 빨라지는 것 같아.

"뒷자리가 가장 무서운 건 가속도 때문이지. 롤러코스터가 처음에 일정한 높이에 오를 때까지는 **천천히** 움직여. 하지만 아래로 내려갈 때는 속력이 빨라지기 시작해. 그리고 다시 위로 올라갈 때는 속력이 어떻게 될까?"

"느려지겠죠."

내가 대답했다. 하지만 도라가 고개를 가로저었다.

"난 느려진다는 느낌을 받은 적이 없어. 늘 무서웠으니까."

"그건 네가 **겁쟁이**라서 그런 거야!"

나는 도라에게 소리를 **빽** 질렀다. 하지만 박사님은 도라 편을 들며 이야기하셨다.

"롤러코스터가 다시 위로 올라갈 때는 천천히 움직일 거라고 생각하기 쉽지. 하지만 이미 앞쪽이 빨라진 상태이기 때문에 아래로 내려갈 때나 위로 올라갈 때나 속력은 비슷비슷하단다. 이미 속력이 붙어서 가속도를 내기 때문이지."

언제 거기까지 갔어?

아래로 내려갔던 롤러코스터가 다시 위로 향할 때는 속력이 느려지지 않는다니, 그리고 그것이 가속도 때문이라니 놀라운 이야기였다.

"롤러코스터가 정말 **아찔하게** 달리는 순간은 그다음부터지. 한 고개를 넘어 다시 위로 올라간 롤러코스터는 아래로 내려가면서 속력이 정말 빨라지지. 이때 앞쪽에 앉으면 롤러코스터가 빠른 속력으로 달릴 때부터 바닥까지 도착하는 거리가 상대적으로 짧기 때문에 무서움을 덜 느낄 수 있어. 하지만 맨 뒤쪽에 앉았다면……."

"앞쪽보다 더 오랫동안 빠른 속력을 느끼게 되는 거군요!"

나는 놀라지 않을 수 없었다!

롤러코스터에는 내가 생각지도 못했던 과학 원리들이 속속 숨어 있었던 것이다.

딱 좋아!
달려.

여긴 너무
어지러워.

엉망진창 박사님 집으로

우리를 태운 차가 겨우 출발하여 시골길을 **터덜터덜** 달린 지 이십여 분이 지났을 무렵, 드디어 박사님 집 앞에 멈추어 섰다.

박사님의 집은 한눈에 보기에도 **엉망진창**이었다. 잡동사니들이 아무렇게나 놓인 앞마당은 마음 편하게 발 디딜 곳이 없었다. 사정은 집 안도 마찬가지였다.

"청소 좀 하시지."

나는 인상을 찌푸리며 말했다.

"우리 집 쓰레기들은 중력의 영향을 많이 받고 있단다. 흐흐."

"그게 무슨 소리예요?"

"중력이 뭔지는 알지?"

"아까 지구가 물체를 끌어당기는 힘이라고 하셨잖아요?"

너희들을 환영한다. 어서 와!

헉, 여기가 집이라니!

집이야? 고물상이야?

달이 물체를 잡아당기는 힘의 크기는 지구의 $\frac{1}{6}$밖에 되지 않는다. 그래서 달에서는 몸무게가 지구에서의 $\frac{1}{6}$이다.

"그래, 사람의 몸은 물론이고 자동차, 나무, 하늘의 구름까지도 중력의 영향을 받지. 중력을 눈으로 확인하려면 어떻게 해야 하는지 아는 사람?"

"글쎄요."

"저울에 올라가 보면 되지. 저울의 눈금이 곧 중력의 크기인 거야. 도라야, 넌 딱 보니까 몸무게가 24kg 정도 되겠구나. 네 몸무게가 24kg이란 말은 지구가 널 24kg의 힘으로 끌어당기고 있다는 거야."

박사님은 중력도 **롤러코스터를 움직이는 힘**이라고 하셨다. 롤러코스터의 열차가 레일 꼭대기에 도달한 순간부터, 다시 출발점으로 돌아올 때까지 항상 일정한 중력이 작용한다는 것이다.

롤러코스터에서 떨어지지 않는 이유

"롤러코스터가 회전할 때 사람들이 **왜** 떨어지지 않는 줄 아니?"

박사님의 질문에 나는 머뭇거리며 대답했다.

"그건 안전벨트가 꽉 붙잡고 있어서 그런 게 아닐까요?"

"하하, 그게 아니란다. 사람들이 떨어지지 않는 건 롤러코스터가 회전할 때 원심력, 중력, 구심력이 작용하기 때문이란다."

"무슨 말인지 도저히 모르겠어요."

나와 도라는 고개를 저으며 말했다.

"음, 그럼 우리 밥 먹고 할까?"

박사님은 뭔가를 **골똘히** 생각하더니 이렇게 말했다.

"네? 왜 갑자기 밥을 먹어요?"

도라의 질문에 박사님은 실험을 해야 하는데 집에 그릇이 없다고 했다.

맛있게 드세요.

이런 외딴곳에도 배달이 되는구나.

배는 고픈데 왠지 찜찜해.

그럼 요건 내가.

신속 배달

40

"무슨 실험인데요?"

"우린 밥 먹고 남은 그릇을 가지고 롤러코스터의 비밀을 풀 거란다."

나와 도라는 배고프던 차에 음식을 **후루룩쩝쩝** 빠르게 먹어 치웠다. 박사님은 음식이 담겨 있던 일회용 플라스틱 그릇에 끈을 매달고 물을 가득 채우더니 나보고 천천히 돌려 보라고 했다. 나는 느린 속도로 조심스럽게 그릇을 돌렸다.

그러자 물이 쏟아져 내렸다.

"자, 이번에는 그릇을 빨리 돌려 봐."

"물이 쏟아지면 어떡해요?"

나는 물이 또 쏟아질까 봐 걱정되었다.

"괜찮아. 어서 빨리 돌려 보렴."

박사님은 시키는 대로 하라고 재촉하셨다.

나는 하는 수 없이 빠르게 원을 그리며 그릇을 돌렸다. 그랬더니 신기하게도 물이 밖으로 튀지도 않고, 쏟아지지도 않는 게 아닌가?

"원심력은 원운동을 하는 물체에 원의 중심에서 멀어지려는 방향으로 작용하는 힘이야. 방금 우리가 그릇을 돌린 게 바로 원운동이지. 그리고 그릇 속 물은 원운동을 하게 된 물체야. 어떤 물체가 빠르게 원운동을 하면 원심력 때문에 물체는 원의 바깥으로 나가려고 해. 롤러코스터가 회전할 때에도 원심력이 작용하지. 이때 원의 중심 방향으로 구심력도 작용한단다. 구심력은 원심력과 반대 방향으로 작용하는 힘이란다."

"알았어요! 그릇을 롤러코스터라고 생각하고, 그릇에 담긴 물을 롤러코스터를 탄 사람이라고 생각하면 되지요?"

"그래, 바로 그거야. 롤러코스터를 탄 사람이 떨어지지 않는 것은 그릇을 돌렸을 때 물이 떨어지지 않는 것과 같은 원리란다."

원심력을 이용한 허리케인
허리케인은 긴 기둥에 원반이 붙어 있는 놀이 기구로, 바이킹처럼 좌우로 움직인다. 긴 기둥이 좌우로 움직이면서 원반은 기둥을 축으로 회전한다. 원반이 회전할 때 발생하는 원심력을 이용하여 몸이 밖으로 쏠리는 스릴감을 느끼게 한다.

박사님은 내가 기특하다는 듯이 웃으시며 설명을 계속하셨다.
나와 도라도 귀를 쫑긋하며 열심히 들었다.

"롤러코스터가 빠른 속도로 원을 그리며 돌 때 원형 레일의 꼭대기에서
아래로 떨어지려는 구심력과 지구가 잡아당기는 중력의 합이, 원 바깥으로
나가려는 원심력의 크기와 같아진단다. 그래서 사람들이 바깥으로 떨어지
지 않는 거지."

롤러코스터의 경로는 열차에 여러 가지 힘과 에너지가
작용하도록 만들어져 있다. 원을 그리며 도는 경로에서는
롤러코스터에 원심력, 중력, 구심력이 작용한다.

여자아이가 롤러코스터를 탈 때 놀라운 일이 벌어졌단다.

관성 때문에 몸이 쏠려

"정말 신기해요. 롤러코스터에 이런 **과학 원리**가 숨어 있다니!"

"그것뿐이 아니야. 재미있는 힘 이야기가 또 있지. 실제로 있었던 얘기를 하나 해 줄게. 한 여자아이가 눈에 인공 수정체를 넣는 수술을 했는데 실패했단다. 인공 수정체가 눈 속에서 들떠서 재수술을 해야만 했지."

"그래서요?"

"여자아이는 재수술하기 전에 엄마한테 놀이공원에 가고 싶다고 했어. 놀이공원에서 놀이 기구를 타면서 수술에 대한 두려움을 잠시라도 떨쳐 버리고 싶었던 거야."

"저는 항상 놀이공원에서 놀고 싶어요!"

내가 소리치자 도라가 한심하다는 듯 쳐다보았다.

"여자아이는 놀이공원에서 롤러코스터를 타고 **신 나게** 놀았지. 그런데 놀라운 일이 벌어졌어. 글쎄, 인공 수정체가 제자리를 찾은 거야."

"어떻게 된 일이에요?"

나와 도라는 깜짝 놀라 소리쳤다.

"킥킥, 그건 여자아이가 롤러코스터를 탔기 때문이었대. 롤러코스터가 빠르게 달리다가 갑자기 아래로 내려갈 때 **관성의 법칙** 때문에 여자아이의 몸이 뒤쪽으로 쏠리게 된 거지. 이때 인공 수정체도 몸 쪽으로 쏠리면서 제자리로 들어가게 되었다나."

"관성의 법칙요?"

"그래, 이 세상 모든 물체는 처음의 운동 상태를 계속 유지하려는 성질이 있지. 버스를 타고 가다 버스가 **급정거했을 때** 버스가 앞으로 나아가던 운동 때문에 우리 몸이 앞쪽으로 쏠리는 것과 같은 원리야."

"롤러코스터 덕분에 인공 수정체가 자리를 잡은 셈이네요?"

멈추어 있던 버스가 갑자기 출발하면
버스에 타고 있던 사람들은 서 있던
관성 때문에 몸이 뒤로 쏠린다.

앞으로 달리던 버스가 갑자기 멈추면
버스에 타고 있던 사람들은 앞으로 가던
관성 때문에 몸이 앞으로 쏠린다.

나의 말에 마시멜로 박사님은 눈을 찡긋하며 웃기만 했다.

"제가 탔던 롤러코스터들은 몸이 쏠리는 정도가 조금씩 달랐어요. 그런 걸 보면 관성도 크기가 있는 거죠?"

"그렇지. 관성의 크기는 G라고 표현하는데, 1G는 보통 사람이 지구 표면에서 느낄 수 있는 중력으로 인한 가속도의 크기와 같단다. 만약 사람이 중력이 미치지 않는 공간에 있다면 중력으로 인한 가속도는 0이 되고, 관성 역시 0G가 되는 거지."

"중력이 커지면 가속도도 커지고 관성도 커져서, 우리가 실제로 느끼는 힘도 커지겠군요?"

"그래, 그렇지. 비행기가 이륙하기 위해 활주로를 달리면 가속도가 커져서 관성도 커진단다. 그러면 우리 몸은 마치 의자에 찰싹 붙는 것 같

무중력 상태인 바이킹
바이킹이 좌우로 이동하며 낮은 곳으로 내려올 때 안에 탄 사람은 몸이 떠오르는 것 같은 느낌을 받는다. 이런 상태를 '무중력 상태'라고 한다. 무중력 상태는 중력과 같은 크기의 다른 힘이 중력과 반대 방향으로 작용하여 중력을 느끼지 못하는 상태를 말한다.

몸이 의자에
붙어 버린 것 같아요.

중력과 가속도
때문이란다.

은 느낌을 받게 되고, 이런 힘이 롤러코스터를 탈 때도 느껴지지."

"그렇게 빠른 속도로 움직이던 롤러코스터가 어떻게 매번 똑같은 위치에
서 멈추는 거예요?"

"그건 마찰력 때문이란다."

박사님은 롤러코스터가 달릴 때 열차와 레일이 접촉하면서 마찰력이 생
긴다고 하셨다. 마찰력은 열차의 속도를 떨어뜨리고 **열**과 **소음**을 일으
키지만, 롤러코스터가 멈출 때는 중요한 역할을 한다고 했다.

"만약 남아 있는 운동 에너지를 마찰력이 없애지 않는다면 롤러코스터는
어떻게 될까?"

"롤러코스터가 멈추지 않고 계속해서 움직일 것 같아요."

나는 롤러코스터가 멈추는 순간을 상상하며 대답했다.

박사님은 고개를 끄덕이셨다.

다신 타지
말아야지.

난 무서워.

우아,
재미있다!

STOP

Q | 힘을 화살표로 나타낼 수 있을까?

A | 눈에 보이지 않는 힘을 화살표로 나
타내려면 힘의 세 가지 요소를 알아
야 한다. 힘의 세 가지 요소는 힘의
크기, 힘의 방향, 힘의 작용점이다.
힘을 화살표로 나타내면 화살표의
길이는 힘의 크기, 화살표의 방향은
힘의 방향, 화살표의 시작점은 힘의
작용점이다.

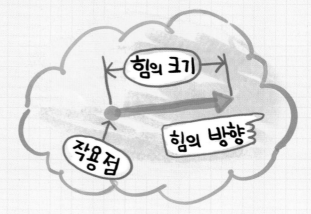

5학년 2학기 과학 3.물체의 속력

Q | 롤러코스터의 속력은 어떻게 구할까?

A | 속력은 물체의 빠르기를 말한다. 롤러코스터의 속력을 구하려면 물체의 이동 거리를 걸린 시
간으로 나누면 된다. 이것을 식으로 표현하면 다음과 같다.

$$속력 = \frac{이동\ 거리}{걸린\ 시간}$$

즉, 어떤 롤러코스터가 100m를 이동하는데 5초(s)가 걸렸다면

$$속력 = \frac{100m}{5s} = 20m/s$$이므로 롤러코스터의 속력은 20m/s이다.

Q | 왜 지구와 달에서는 몸무게가 달라질까?

 A | 지구에서 물체의 무게는 지구가 물체를 잡아당기는 힘의 크기를 말한다. 마찬가지로 달에서 물체의 무게는 달이 물체를 잡아당기는 힘의 크기이다. 지구가 물체를 잡아당기는 힘은 달이 물체를 잡아당기는 힘보다 6배가 더 크다. 따라서 같은 물체라도 지구에서의 무게와 달에서의 무게가 달라지기 때문에 몸무게 역시 지구와 달에서 달라지는 것이다.

내 몸무게가 24kg이네.

달에서는 내 몸무게가 4kg이구나.

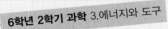

6학년 2학기 과학 3.에너지와 도구

 Q | 롤러코스터에서 에너지 전환은 어떻게 일어날까?

 A | 전기 에너지를 이용해 높은 곳에 올라간 롤러코스터는 위치 에너지를 갖게 된다. 위치 에너지는 롤러코스터가 아래로 내려갈 때에는 운동 에너지로 전환된다. 그리고 또다시 롤러코스터가 높은 곳으로 올라갈 때에는 운동 에너지가 다시 위치 에너지로 전환된다.

	출발하여 위로 올라갈 때	위에서 아래로 내려갈 때	아래에서 다시 위로 올라갈 때
처음 에너지	전기 에너지	위치 에너지	운동 에너지
	↓	↓	↓
바뀐 에너지	위치 에너지	운동 에너지	위치 에너지

2장

롤러코스터를 만들고 말겠어!

롤러코스터, 조금만 기다려!

롤러코스터를 만들고 싶은 도니의 열정

기술이 필요해

"이제 롤러코스터의 원리를 모두 배운 거죠? 그럼 빨리 롤러코스터 만드는 방법을 알려 주세요!"

내가 조르자, 박사님은 알아야 할 것이 더 있다고 하셨다.

"롤러코스터를 만들려면 원리뿐만 아니라 어떤 기술이 사용되었는지도 알아야 하지 않겠니?"

"기술요? 저는 이미 롤러코스터 타는 기술을 꿰뚫고 있어요. 롤러코스터는 눈을 뜨고 타는 기술이 있어야 제맛이죠. 도라는 아직 못하지만 전 이미 다 터득했어요. 처음에는 실눈을 뜨고 있다가 너무 무서우면 눈을 살짝 감고, 괜찮으면 조금 더 크게 뜨면서 신 나게 타면 된다고요."

"오빠! 박사님 말씀은 그런 기술이 아니잖아?"

도라가 내 옆구리를 쿡 찌르며 진지하게 생각하라고 했다. 어쩌면 도라는 나보다 더 롤러코스터에 관심이 생긴 것 같았다.

"박사님, 오빠는 항상 롤러코스터 이야기만 나오면 흥분해서 제정신이 아니에요. 롤러코스터를 만들려면 어떤 기술이 필요한지 알려 주세요."

나는 잘난 척하는 도라가 너무 얄미워서 입을 삐죽 내밀고 도라를 노려보았다.

도라는 나를 향해 혀를 쏙 내밀었다.

"롤러코스터 만드는 방법을 당장 알려 주세요. 빨리 알려 주지 않으시면 저는 집에 갈 거예요."

나는 홧김에 가방을 확 집어 들며 말했다.

"잘 가!"

도라가 손을 흔들었다.

"뭐야? 내가 가겠다는데 잘 가라니! 넌 여기 있겠다는 뜻이야?"

"응."

도라는 박사님을 따라 이곳에 남겠다며 서둘러 나를 내쫓으려 했다.

"뭐해? 간다며, 그럼 어서 사라져."

"치……."

나는 이러지도 저러지도 못하고 눈치를 살폈다.

"허허, 도니가 사라진 롤러코스터 때문에 마음이 급한가 보구나. 그래도 아무런 성과 없이 집에 가는 것보다는 롤러코스터에 대해 좀 더 알고 가는 게 낫지 않겠니? 진정한 롤러코스터 박사가 되려면 말이다."

박사님은 빙그레 웃으며 말씀하셨다.

사실 난 사라진 롤러코스터에 대해 알아내지 않고서는 이곳을 떠날 생각이 없었다. 그냥 잘난 척 하는 도라를 한번 골려 주고 싶었던 것이다. 나는 박사님 말씀에 못 이기는 척하며 가방을 살며시 내려놓았다.

내 눈치를 살피던 도라는 방긋 웃으며 내 손을 슬며시 잡았다.

더, 더 스릴 있는 롤러코스터!

　박사님은 잠시 텔레비전을 보면서 쉬자고 했다.

　그사이 엄마가 전화하셔서 잘 도착했는지를 물으셨고, 할머니는 일정이 늦어져 빨리 돌아오시지 못할 것 같다는 소식을 전하셨다.

　좋든 싫든 이번 연휴 기간 내내 박사님 댁에서 지내야 하는 것이다.

　박사님은 우리를 아랑곳하지 않고 소파에 드러누워 텔레비전을 보셨다. 마침 텔레비전에서 봅슬레이 경기를 하고 있었다.

　"이렇게 쉬고 있을 시간이 없어요. 박사님, 빨리 롤러코스터 만드는 기술을 알려 주세요."

　나는 계속 박사님을 재촉했다.

　"봅슬레이를 보니까 롤러코스터가 생각나는구나."

　나는 박사님의 말을 놓치지 않고 되물었다.

　"봅슬레이가 롤러코스터하고 무슨 상관이 있는 거예요?"

　"맨 처음 롤러코스터는 봅슬레이와 비슷한 형태의 놀이 기구였지. 처음 롤러코스터가 만들어졌을 때만 해도 지금처럼 여러 가지 과학 기술이 필요하진 않았어. 오로지 가속도를 즐기기 위한 놀이 기구였단다."

↑ 봅슬레이

1810년에 그려진 러시아의 초기 롤러코스터 모습이다.

롤러코스터는 17세기 러시아 귀족들의 놀이 기구였다고 한다.

겨울이 되면 러시아 귀족들은 눈썰매를 즐길 수 있는 얼음판을 만들었는데, 더욱 스릴 있게 얼음판의 경사를 높이고 눈썰매에 바퀴를 달아 굴러가도록 만든 것이 '**코스터**'였다고 한다.

러시아에서 시작한 이 놀이 기구는 이후 프랑스에서 얼음판 대신 나무 레일 위를 굴러가는 놀이 기구로 발전했단다.

"어떤 사람은 최초의 코스터가 프랑스에서 만들어졌다고 주장하기도 하는데, 뭐 그건 어디까지나 주장일 뿐이야. 기록상 가장 최초에 만들어진 것은 1784년 러시아에서 만들어진 코스터란다."

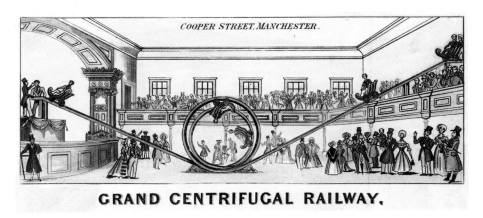

1850년대에 영국에서 만든 초기 루핑 코스터이다.

그 후 롤러코스터는 점차 발전하여 레일을 따라 열차가 원을 그리며 한 바퀴를 빙 도는 **루핑 코스터**까지 만들어지게 됐다고 한다.

최초의 루핑 코스터가 만들어진 곳은 영국이었단다. 최초의 루핑 코스터가 탄생한 이후, 세계 여러 나라들은 경쟁하듯이 더 재미있고 더 스릴 있는 롤러코스터를 개발하기 시작했다는 것이다.

그때부터 사람들에게 롤러코스터는 가장 흥미로운 놀잇거리였고, 누가 **더 스릴있고 재미있는 롤러코스터**를 만드느냐가 세계인들의 관심거리가 되었다고 한다.

롤러코스터를 현대식 놀이 기구로 발전시킨 사람은 미국의 라마커스 톰슨이라는 사업가였단다. 톰슨은 1884년 롤러코스터를 만들어 큰돈을 벌었다고 한다. 당시에도 사람들은 롤러코스터에 관심이 많았고, 롤러코스터를 한 번 타보겠다고 북새통을 이루었단다. 여러 사람의 노력 덕분에 오늘날 우리가 놀이공원에서 즐길 수 있는 다양한 롤러코스터가 만들어진 것이다.

"우리나라에는 세계에서 가장 스릴 있는 나무 롤러코스터가 있는데, 뭔
줄 아니?"

"우리나라에요? 그게 뭔데요?"

"바로 **티 익스프레스**란다."

"와, 대단해요."

나는 환호성을 질렀다. 내가 즐겨 타던 우리나라의 놀이 기구가 세계에서
손꼽히는 롤러코스터였다니 정말 뿌듯하고 자랑스러웠다.

BEST 1 티익스프레스, 세계 1위 롤러코스터로 선정되다!

우아, 에어타임 12회!

떨어지는 각도는 77도!

How Nice!

경기도 용인시 에버랜드에 있는 티 익스프레스가 나무로 만든 롤러코스터 중에서 가장 스릴 있는 롤러코스터로 선정되었습니다.

티 익스프레스가 떨어지는 각도는 77도로 매우 가파릅니다. 길이는 1,641m, 높이 56m, 최고 속도가 시속 104km이며 체감 속도는 무려 시속 200km나 됩니다.

운행 시간은 약 3분으로 짧지만, 티 익스프레스를 타는 내내 엉덩이가 붕 떴다 가라앉기를 수차례 반복하며 아찔한 순간을 경험하게 됩니다. 그래서 티 익스프레스를 탈 때에는 모자, 안경을 포함한 모든 소지품을 내려놓고 타야 합니다. 자칫하면 소지품을 모두 잃어버리기 때문이지요.

나무로 만든 티 익스프레스는 출발 지점에서 레일 꼭대기로 올라갈 때에는 엔진의 힘을 사용하지만, 내려갈 때부터는 엔진의 힘을 사용하지 않습니다. 높은 곳으로 올라갔다가 아래로 내려가는 순간, 사람들의 입에서는 저절로 비명이 터져 나오지요.

사람들이 마음의 준비를 하기도 전에 티 익스프레스는 77도의 경사를 따라 내려가기 시작하여 무중력을 느끼는 에어타임 12회를 향해 질주합니다. 속도가 너무 빠르다고 밖으로 튕겨 나가진 않을까 불안해하지는 마세요. 열차의 속도와 경로가 정상 범위를 벗어나는지 아닌지 감지하고 확인하는 센서가 레일 곳곳에 설치되어 있으니까요. 만약 이상이 생기면 열차는 안전하게 멈추어 선답니다.

티 익스프레스는?

개장 2008년 3월 14일 **최고 속도** 104km/h(세계 8위) **최고 높이** 56m, **최고 낙하 높이** 46m (세계 6위) **하강 각도** 77°(목재 롤러코스터 중 세계 2위, 1위는 미국에 있는 아웃로우 런) **길이** 1,641m(세계 5위) **열차 수** 총 3대(1대당 최대 탑승 인원: 36명)

나만의 회전 레일 만들기

박사님, 이게 뭐예요?

이걸로 직접 롤러코스터 레일을 만들어 볼 거란다.

☆ **준비물**

칼, 가위, 쇠구슬, 셀로판테이프, 하드보드지 2장, 양면테이프, 졸대, 골판지 1장

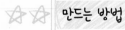

☆☆ **만드는 방법**

① 골판지를 동그랗게 말아
   셀로판테이프로 붙여 기둥을 만든 후,
   아래쪽을 일정한 간격으로 자른다.

② 하드보드지 2장을 이어 붙여 밑판을
   만들고, 그 위에 골판지로 만든
   기둥을 잘 붙인다.

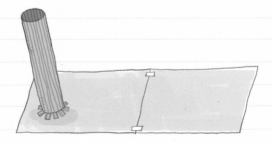

③ 졸대로 회전 레일을 만들어 쇠구슬을
   굴려 보며 시작점의 높이를 찾아
   기둥과 밑판에 졸대를 고정시킨다.

시작점

④ 같은 방법으로 두 번 회전하는 레일을
   만든다. 완성된 레일의 시작점에
   쇠구슬을 놓고 관찰한다.

완성!

오, 둘 다 제법
잘 이해했군.
그럼 다음 단계로
넘어가 볼까!

히히,
공포의 2회전
롤러코스터.

여기에
쇠구슬을…….

빠르고 안전한 롤러코스터를 만들려면

"롤러코스터를 만들려면 여러 가지 장치가 필요해."

박사님은 롤러코스터에는 체인 리프트, 역류 방지 장치, 케이블 선, 탑승자의 무게를 버틸 수 있는 튼튼한 레일 등이 필요하다고 했다.

"체인 리프트는 롤러코스터를 구성하는 가장 중요한 장치란다. 롤러코스터는 일정한 높이까지 올라가는 동안 **착착** 소리와 함께 천천히 움직이는데, 이때 체인 리프트가 작동해. 체인 리프트는 롤러코스터를 높은 지점까지 올려 주는 역할을 하지. 체인 리프트 옆에는 역류 방지 장치가 있지. 롤러코스터가 오르막에서 뒤로 떨어지지 않도록 하는데, 롤러코스터에 달린 막대가 이 장치에 걸리면서 착 소리를 내는 거란다."

"난 그 소리를 들을 때마다 가슴이 **콩닥콩닥** 뛰었어!"

도라는 마치 롤러코스터를 탄 듯 중얼거렸다.

"롤러코스터가 이동하려면 발사식 구동 장치도 필요해. 발사식 구동 장치

가 운동 에너지를 발생시키기 때문에 롤러코스터의 빠른 속도가 유지되는 거지. 발사식 구동 장치에는 수백 개의 회전 바퀴들이 레일을 따라 두 줄로 이어져 있는데, 열차가 움직일 때마다 서로 맞물려 움직여서 열차를 앞으로 밀어낸단다."

"무슨 장치가 이렇게 많아요?"

"아직 롤러코스터를 만드는 데 가장 중요한 장치는 설명하지도 않았어. 롤러코스터를 만들 때 가장 중요한 건 바로 브레이크지. 롤러코스터의 브레이크는 비상 상황이 생겼을 때, 강제로 열차를 멈추게 하지. 물론 자동차 브레이크나 오토바이 브레이크와는 생김새, 장착 위치가 다르지만 멈추게 하는 중요한 역할을 한다는 점은 같단다."

"롤러코스터는 브레이크가 없기 때문에 짜릿한 재미를 주는 게 아니었단 말이에요?"

나는 고개를 갸웃한다.

"롤러코스터의 브레이크가 어디 있게?"

"어디 있어요?"

조임쇠

디스크

오토바이 브레이크는 바퀴에 장착되어 있다. 조임쇠가 회전하는 디스크를 붙잡아서 바퀴를 멈추게 한다.

끼익

조임쇠

롤러코스터 브레이크의 조임쇠는 레일에 장착되어 있다. 조임쇠가 빠른 속도로 움직이는 열차를 붙잡아서 롤러코스터를 멈추게 한다.

"바로 레일에 있단다."

"레일이요?"

"롤러코스터가 지나치게 빠른 속도로 움직이면 레일에 있는 조임쇠를 이용해 브레이크를 걸어 주지. 그럼 마찰력이 커져 롤러코스터가 멈춘단다."

"레일은 그냥 달리는 데 필요한 길일 뿐이라고 생각했는데……."

박사님은 롤러코스터 레일에도 과학적인 장치가 필요하다고 말씀하셨다.

롤러코스터를 움직일 때는 탑승 인원, 날씨와 같은 조건에 따라서 열차와 레일의 상태가 달라져서 과학적인 계산이 필요하기 때문이었다.

"어때? 겉모습은 단순해 보이지만 롤러코스터 구석구석에는 여러 가지 장치들이 많이 숨어 있지?"

박사님의 말에 우리는 혀를 내둘렀다.

강철 재료
다양한 형태의 레일을 만들기 좋고, 속도를 내기 쉽다.

나무 재료
충격과 소음을 흡수하고 안정성이 좋다.

난 강철도 좋고 나무도 좋고, 둘 다 좋은데 어쩌지?

난 강철로 만든 게 좋아.

"그렇게 **똑똑한** 분이 왜 롤러코스터를 만들지 못한 거예요?"

박사님은 롤러코스터 재료를 해결할 수 없었다고 고백했다.

롤러코스터 재료는 스릴, 속도, 안전 등을 결정하는 중요한 요소라고 한다. 보통 롤러코스터는 강철과 나무 두 가지 재료로 만드는데, 각각의 특성 때문에 장단점이 다르다고 하셨다.

"난 **강철** 재료의 장점과 **나무** 재료의 장점을 모두 살린 롤러코스터를 만들고 싶었어. 하지만 실패하고 말았지."

박사님은 스릴 넘치는 레일 모양, 엄청나게 빠른 속도, 안정성을 모두 갖춘 롤러코스터를 만들고 싶었다고 했다.

"그런 롤러코스터를 만들면 얼마나 좋을까요?"

롤러코스터의 매력은 언제 속도가 빨라질지, 어떤 방향으로 움직일지 예측할 수 없다는 것이다. 예상하지 못한 구간에서 불쑥 솟구쳐 올랐다가 아래로 떨어지고 다시 한 바퀴를 돌기도 하기 때문에 더욱 재미있는 것이다.

놀이 기구 공간을 디자인하다

놀이 기구를 만들려면 승객 수, 기다리는 시간, 승객의 동선 등을 생각해서 공간을 디자인해야 한다. 티 익스프레스는 한 시간 동안 롤러코스터를 이용할 수 있는 인원 약 1,500명을 고려하여, 930명 가량이 기다릴 수 있는 공간과 620명 가량이 머무를 수 있는 실내 공간을 만들었다.

또 입구에서부터 하차 때까지 약 1시간이 소요되도록 공간을 만들었다. 입구에는 기다리는 사람들이 많을 때 머무를 수 있는 공간을 만들고 이어지는 공간은 기다리는 시간이 지루하지 않도록 레일 옆과 레일 아래를 지나가게 계획했다.

많은 부품과 사람이 필요해

미국 캘리포니아에 있는 나선 모양 롤러코스터다.

"1975년 미국 캘리포니아의 한 놀이공원에서 나선 모양으로 **비틀어지면서** 한 바퀴를 도는 롤러코스터가 만들어졌지. 그때 난 땅을 치면서 울었어. 내가 개발하려던 레일 모양과 똑같았거든."

"그때도 마음에 드는 재료를 구하지 못하신 거예요?"

박사님은 고개를 **끄덕이셨다.**

"롤러코스터를 만들려면 3m마다 레일을 받쳐 주는 버팀대 한 개가 필요해. 버팀대 한 개에는 다리 세 개, 가로대 세 개, 대각선대 세 개, 연결 부품 네 개가 필요하지. 결국 900m짜리 롤러코스터를 만들려면 버팀대를 만드는 부품을 포함하여 수만 개가 넘는 부품이 필요한 거야. 그런데 난 그걸 살 돈이 없었다고."

설사 부품을 구한다고 하더라도 터널, 레일, 그리고 이 모든 것을 건설할 기술자가 없으면 절대 롤러코스터를 만들 수 없다고 한다.

"그럼 **당장** 기술자를 불러 와요!"

"그게 쉬운 일이 아니야. 기술자들이 롤러코스터 한 개를 만들려면 최소한 1년 이상이 걸린다고. 그동안 월급을 줘야 할 거 아니겠어?"

"**아깝다!** 기술자만 있었어도……."

"쯧쯧, 그게 전부가 아니야."

"또 뭐가 필요해요?"

모든 작업이 끝나면 안전을 책임지는 검사관들과 함께 시범 운행을 해야 하는데, 박사님은 이 과정을 책임질 수 없었다며 눈물을 삼켰다.

"자, 여길 보렴. 언젠가 롤러코스터를 만들겠다고 다짐하며, 롤러코스터 만드는 과정을 **꼼꼼히** 기록해 두었단다."

박사님은 노트를 다시 뒤적거리셨다.

롤러코스터를 만드는 과정

1단계 측량하기

가장 먼저 어느 장소에
어떤 규모의 롤러코스터를
지을 것인지 기기로 잰다.

2단계 기초 공사 하기

땅을 파거나 메워서 기초 공사를
한다. 롤러코스터를 세워도 될 만큼
튼튼한 기반을 만든다.

3단계 구조물 세우기

롤러코스터의 부품을 만들어
현장으로 가져온 뒤 구조물을
세운다. 구조물을 세우는 것은
6개월 이상의 시간이 필요하다.

4단계 레일 만들기

나무나 강철로 만든 레일을
구조물 위에 설치한다. 조각을
잘 맞춰 구조물에 연결하여
매끄러운 레일을 만든다.

5단계 부속 장치 설치하기

롤러코스터에 필요한 브레이크,
자동문, 체인, 조종 시스템 등의
장치를 설치한다.

6단계 점검하기

시험 운행을 해 보며 변경할 부분을 수정하고, 디자인과 성능을
점검한다. 이때 요금과 하루에 운행할 횟수 등도 결정한다.

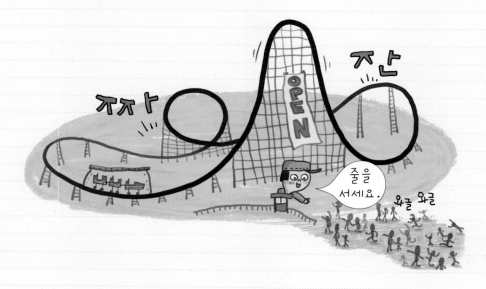

나만의 롤러코스터 경로 만들기

칼을 사용할 땐 조심!

이 사탕은 내 것!

직선 경로, 굽은 경로, 깔때기 경로를 적절하게 연결해서 롤러코스터 경로를 만들어 보자. 알사탕이 바깥으로 튀어 나가지 않으면 성공!

 준비물

도화지, 자, 펜, 칼, 가위, 셀로판테이프, 풀, 알사탕(공 모양 사탕)

 만드는 방법

① **직선 경로**

도화지를 그림처럼 자른 뒤, 점선 두 개를 나란히 긋는다. 점선을 따라 접어서 그림처럼 직선 경로를 만든다.

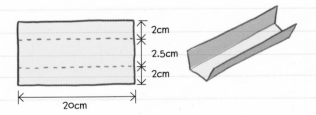

2cm
2.5cm
2cm
20cm

② **굽은 경로**

도화지를 그림처럼 자른 뒤, 점선 두 개를 나란히 긋는다. 구부릴 부분에 선을 긋고 가위나 칼로 자른다. 점선을 따라 접은 뒤 자른 쪽을 구부리며 테이프나 풀로 고정시킨다.

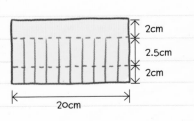

2cm
2.5cm
2cm
20cm

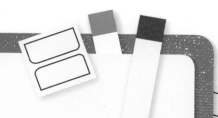

③ 깔때기 경로

도화지에 원을 그린다. 원 중심에 7cm 크기로 작은 원을 그리고,
원 중심을 지나는 선을 긋는다. 두 번째 그림처럼 자른 뒤, 원 중심
쪽에 선을 긋고 가위나 칼로 자른다. 원 중심 쪽이 겹쳐지게 오므려
테이프로 고정시킨다.

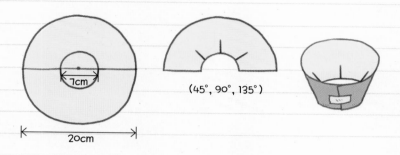

(45°, 90°, 135°)

④ 꺾인 경로

도화지를 그림처럼 길게 자른
뒤, 점선 두 개를 나란히 긋는다.
꺾일 부분에 선을 긋고 가위나
칼로 자른다. 점선을 따라
접은 뒤 자른 부분을 겹쳐서
테이프나 풀로 고정시킨다.

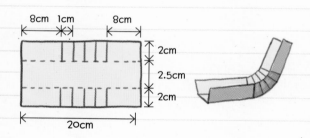

굽은 정도와
꺾인 정도는 내
맘대로 조절!

Q | 골판지와 졸대로 회전 레일을 만들 때 시작점은 어떻게 찾을까?

A | 회전 레일을 만들어 물체를 시작점에 놓았을 때 물체가 레일을 따라 잘 돌게 하려면 그 물체가 충분한 위치 에너지를 가져야 한다. 그런데 높은 곳에 있는 물체일수록 위치 에너지가 커지므로, 시작점이 회전 레일보다 높아야 회전 레일을 무사히 통과할 수 있다. 만약 시작점이 낮아서 위치 에너지가 작다면 물체가 회전 레일을 돌지 못한다.

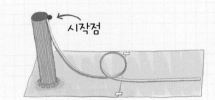

시작점

3학년 1학기 과학 1.우리 생활과 물질

Q | 철 레일과 나무 레일의 차이는 무엇일까?

A | 어떤 재료로 만들었는지에 따라 레일의 특성이 달라진다.

철은 매우 단단하면서도 잘 구부러지기 때문에, 자유자재로 다양한 모양의 레일을 만들기에 좋다. 또한 나무보다 매끄러워서 롤러코스터가 빠른 속도를 내기 쉽다.

나무는 철보다 단단하지 않고 부러지기도 하지만, 충격을 흡수해서 소음과 진동을 줄일 수 있다. 또 안정감 있는 레일을 만들 수 있고, 나뭇결이 보여서 자연적인 아름다움이 있다.

철로 만든 레일

나무로 만든 레일

Q | 롤러코스터는 어떻게 멈추는 걸까?

 A | 롤러코스터를 멈추게 하려면 브레이크가 필요하다. 브레이크는 운동하는 물체의 마찰력을 크게 만들어서 운동을 멈추게 하는 장치이고, 마찰력은 접촉하는 면 사이에서 운동을 방해하는 힘이다. 롤러코스터 브레이크는 레일에 장착되어 있는 조임쇠가 열차의 일부를 꽉 조여서 마찰력을 크게 만들어 운동하던 롤러코스터 열차를 멈추게 한다.

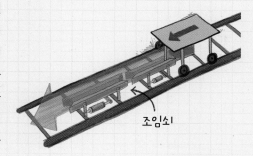

조임쇠

3학년 1학기 수학 5.시간과 길이

 Q | 롤러코스터를 만들 때 가장 먼저 무엇을 할까?

 A | 롤러코스터를 만들 때 여러 과정을 거치는데, 가장 먼저 하는 것은 측량이다. 측량이란 도구를 이용해서 물건의 높이, 깊이, 넓이, 방향 등을 재는 것이다. 어떤 길이를 잴 때에는 기준이 되는 단위길이가 필요하다. 예를 들어 엄지손가락과 다른 손가락을 완전히 폈을 때 두 끝 사이의 거리를 뼘이라고 하는데, 뼘도 단위길이가 된다.

롤러코스터를 만들 장소는 매우 넓기 때문에 뼘이나 센티미터 같은 단위길이로 잴 수는 없다. 그래서 넓은 땅을 측정하는 도구를 이용하여 롤러코스터를 만들 공간을 정확하게 재야 하는데, 이것이 측량이다. 측량은 공간에 맞춰 정확한 기초 공사를 하고, 구조물과 레일을 만들기 위해 꼭 필요한 단계이다.

3장

롤러코스터 레일과 닮았다고?

설마,
롤러코스터가?

롤러코스터 박사가 되고 싶은 도니의 호기심

두꺼비와의 만남

"으악!"

도라의 비명 소리가 들리는가 싶더니, 도라가 팔짝거리며 뛰어다니기 시작했다.

"왜 그래?"

"저, 저기에 두꺼비가……."

순간 난데없이 **두꺼비 한 마리**가 폴짝폴짝 거실을 가로질러 뛰어오더니 우리를 물끄러미 바라보았다.

나도 놀라 펄쩍 뛰었다. 내가 펄쩍 뛰자 두꺼비도 놀랐는지 탁자 밑으로 들어가 버렸다.

"아니, 두꺼비가 어쩌다 집 안으로 들어온 거야? 도라, 너 현관문을 열어 둔 거 아니야?"

"아니야! 오빤 항상 내 탓만 해. 오빠가 얼른 두꺼비를 내보내. 안 그러면 엄마한테 이를거야."

"나도 무섭다고. 난 파충류도 싫고 포유류도 싫어. 하지만 넌 강아지하고도 잘 놀잖아. 나보단 네가 나을 거야. 빨리 달래서 내보내."

그때 박사님의 목소리가 들려왔다.

"둘 다 진정하고 인사해라. 내 애완용 두꺼비란다."

"네? 애완용이요?"

"그래."

"두꺼비를 애완용으로 키우는 사람이 어디 있어요? 어쨌든 박사님, 제발

제 근처에 두꺼비가 오지 않게 해 주세요. 이제 박사님 말씀 잘 들을게요."

나는 박사님께 애원했다.

"박사님, 제 근처에도 **접근 금지**예요. 동물을 좋아하지만 저런 두꺼비는 너무 징그러워요."

도라도 겁에 질려 소리쳤다.

박사님은 난처한 표정으로 우리를 바라보셨다.

그사이 두꺼비가 탁자 밑에서 나와 박사님 곁으로 팔짝팔짝 뛰어갔다.

두꺼비는 굵은 목소리로 꾸르륵꾸르륵 울음을 터트렸다.

그러자 박사님은 상자 속에서 꿈틀대는 지렁이를 한 마리 꺼내더니 두꺼비에게 내밀었다.

두꺼비가 긴 혀를 날름거리더니 지렁이를 잡아먹었다.

나와 도라의 얼굴은 창백하게 질려 갔다. 금방이라도 욱 하고 토할 것만 같았다.

하지만 박사님은 아랑곳하지 않고 두꺼비에게 입을 쪽 맞추었다.

"배고팠어? 우리 아기!"

꾸르륵꾸르륵,
배고파요!

뫼비우스 띠를 본뜬 롤러코스터 레일

나와 도라는 두꺼비를 피해 이리저리 뛰어다니며 소리를 질렀다.

하지만 두꺼비는 마치 우리를 놀리기라도 하듯 우리가 움직이는 쪽으로 펄쩍 뛰어왔다. 도라는 두꺼비를 피해 도망치다가 현관문 앞에 놓인 재활용 쓰레기통을 넘어뜨리고 말았다. 와장창 소리와 함께 페트병, 스티로폼, 종이 조각 등이 쏟아져 나왔다. 그사이 박사님은 두꺼비를 붙잡았다.

"너희가 두꺼비를 무서워할 줄은 몰랐구나. 가만 보면 귀여운 녀석인데. 자세히 보겠니?"

도라는 대답 대신 울음을 터뜨렸다. 나는 놀란 도라를 대신해서 현관 앞을 치워야만 했다. 여기저기 나뒹구는 재활용품들을 주워 담다가 통에서 이상한 그림을 발견했다.

'어디서 많이 보던 그림인데……'

내가 그림을 보는데 마시멜로 박사님이 기다렸다는 듯이 말했다.

"저 재활용 그림이 궁금하니? 그건 뫼비우스 띠에서 영감을 얻은 거야.

뫼비우스 띠는 아주 흥미로운 성질을 가진 띠지. 어느 지점에서나 띠의 가운데를 따라 한 바퀴를 이동하면 출발한 곳과 정반대 면에 도착하게 돼. 또 띠를 따라 두 바퀴를 돌면 처음 위치로 돌아오게 되지."

"뫼비우스 띠랑 재활용이 어떤 관계가 있죠?"

"생각해 봐. 재활용이 뭐냐? 다시 사용한다는 거잖아. 쓰레기를 다시 자원으로 활용할 수 있다는 뜻이지. 쭉 따라가면 반대 방향이 나오는 뫼비우스 띠처럼 쓰레기를 재활용하면 다시 자원이 된다는 것을 의미해."

마시멜로 박사님은 종이를 길게 잘라서 띠를 만들더니, 종이띠를 한 번 꼬아 양 끝을 붙였다. 그랬더니 뫼비우스 띠가 만들어졌다.

"자, 이걸 보니까 뭔가 떠오르는 게 있지 않니?"

나와 도라는 뫼비우스 띠를 뚫어져라 들여다보았다. 하지만 아무리 보아도 특별히 떠오르는 건 없었다.

그때였다. 도라가 무릎을 탁 치면서 외쳤다.

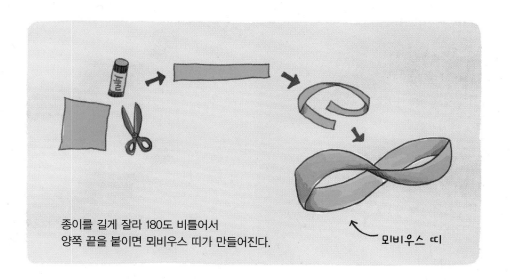

종이를 길게 잘라 180도 비틀어서
양쪽 끝을 붙이면 뫼비우스 띠가 만들어진다.

뫼비우스 띠

"롤러코스터 레일이랑 닮았어요!"

"멍청이, 이게 어떻게 롤러코스터랑 닮……."

나는 도라를 핀잔주려다가 **말꼬리를 흐렸다.** 가만히 보니 롤러코스터와 닮은 구석이 있는 것 같았다. 레일의 연결 모양을 잘 살펴보면 뫼비우스 띠와 같은 모양이었다.

"그래, 롤러코스터 레일의 모양은 바로 뫼비우스 띠를 본떠 만든 거지."

박사님의 설명을 듣던 나는 궁금한 게 떠올랐다.

"박사님, 뫼비우스 띠처럼 안쪽과 바깥쪽이 구분되지 않는 도형이 쓸모가 있나요?"

"뫼비우스 띠는 우리 생활에서 **편리하게** 사용된단다."

박사님은 방앗간이나 공장에서 바퀴를 돌리는 벨트에도 뫼비우스 띠가 사용된다고 설명하셨다.

물건을 연속적으로 운반하는 띠 모양의 운반 장치를 컨베이어라고 한다.
컨베이어의 벨트를 뫼비우스 띠 모양으로 만들어 양쪽 면을 모두 사용한다.

"기계의 바퀴 부분에 벨트를 걸어 돌리면
기계에 닿는 면만 금방 닳아서 못 쓰게 되지.
하지만 벨트를 뫼비우스 띠로 한 번 꼬아서 만들면
양쪽 면을 모두 사용할 수 있어서 오래 쓸 수 있어."

또 지금은 잘 사용하지 않지만 예전에 많이 사용했던
카세트 테이프 역시 한 면이 끝나면 자동으로 다음 면으로
넘어가게 만든 것으로 **뫼비우스 띠의 원리**를
이용한 것이라고 하셨다.

박사님은 재미있는 것을 보여 주겠다며
색연필과 종이띠를 들고 오셨다.

"이걸로 뭘 하게요?"

"하나는 종이를 꼬아 뫼비우스 띠를 만들고, 다른 하나는
그냥 끝과 끝을 연결해 봐."

나는 시킨 대로 했다. 그러자 박사님은 그 띠를 색칠해 보라고 하셨다. 나
는 색연필로 띠를 색칠했다.

"자, 이제 뒷면을 살펴봐."

"뒷면은 왜……."

놀랍게도 종이를 꼬아 만든 띠의 뒷면에 색칠이 되어 있었다.

"나는 분명히 한쪽만 색칠했는데!"

"종이를 꼬지 않고 붙여 만든 종이띠는 바깥쪽에 색칠하면 안쪽은 색칠
되지 않아. 하지만 뫼비우스 띠는 어느 쪽에 색칠하든지 양쪽 모두 다 색칠
된단다. 안과 밖이 구분되지 않아서 그런 거지."

벨트의 양쪽
면을 모두
사용하는군.

텔 텔 텔

안과 밖이 만나는 뫼비우스 띠

"그냥 종이띠 하나를 만든 것뿐인데 대단해요!"

"뫼비우스 띠는 1858년 아우구스트 뫼비우스라는 수학자가 만들었어. 어느 날 우연히 안쪽과 바깥쪽이 구분되지 않는 **신기한 물체**가 있을까라는 생각을 한 뫼비우스는 이 띠를 만들었지."

"와, **엄청난 일**을 해냈군요!"

"그래, 그런 셈이지. 뫼비우스가 이 띠를 만들기 전까지만 하더라도 모든 도형은 안과 밖이 정해져 있다고 생각했으니까. 하지만 뫼비우스가 고정관념을 깬 덕분에 문화적으로도, 사회적으로도, 과학적으로도, 수학적으로도 엄청난 발전을 이룰 수 있게 됐지."

과학자들은 뫼비우스 띠를 통해 영감을 받아 무한한 우주에 대해 '우주가 뫼비우스 띠처럼 연결되어 있지 않을까?'라고 생각하며 우주의 실체를 구체적으로 **상상할 수** 있게 되었단다. 수학자들은 무한히 반복되는 수에 대해 생각의 전환을 하게 되었고, 철학자는 반복되는 삶과 인생에 대해 정의 내릴 수 있게 되었다고 한다.

게다가 문화적으로도 뫼비우스 띠를 다양하게 이용하고 있단다. 화가들은 뫼비우스 띠 위에 세상을 그리고, 소설가들은 뫼비우스 띠를 주제로 인생이 계속 반복되는 내용의 소설을 쓴다고 한다. 그 밖에도 조각품, 목걸이, 귀걸이 같은 장신구에 뫼비우스 띠 모양을 활용하게 되었단다.

"이 **작은 띠** 하나가 생활을 바꾸고, **무한한** 영감을 주다니!"

나는 놀라운 발견을 한 뫼비우스가 부러웠다.

뫼비우스 띠를 발견한 또 다른 사람

1858년 아우구스트 뫼비우스가 신기한 띠를 발견하자 사람들은 이 띠에 뫼비우스의 이름을 붙여 '뫼비우스 띠'라고 불렀다.
같은 해에 요한 베네딕트 리스팅이라는 사람도 뫼비우스 띠를 스스로 발견했다. 하지만 사람들은 뫼비우스만을 기억할 뿐, 리스팅이 뫼비우스 띠를 발견했다는 사실은 알지 못한다.

킥킥, 나만 기억하지.

흑흑, 사람들은 뫼비우스만 기억해!

아우구스트 뫼비우스

요한 베네딕트 리스팅

롤러코스터 레일을 닮은 세포

"롤러코스터 레일과 뫼비우스 띠가 닮은 건 이해했지? 그럼 이제 재미있는 실험을 해 보자."

박사님은 종이로 뫼비우스 띠를 만들었다. 그리고 그것을 가위로 **싹둑** 잘라 보라고 하셨다.

나는 가위로 뫼비우스 띠를 잘랐다.

"이제 어떻게 됐을까?"

"어떻게 되긴요. 두 조각 났겠죠."

"과연 그럴까?"

박사님이 의미심장한 미소를 지었다.

으악, 반으로 잘랐는데도 연결되어 있어!

뫼비우스 띠를 삼등분하면 하나의 뫼비우스 띠와 네 번 꼬인 띠가 연결되어 나타나지.

"아니에요?"

"짠!"

내가 반으로 자른 뫼비우스 띠는 네 번 꼬인 하나의 띠가 되어 있었다.

"뫼비우스 띠는 반으로 자르면 네 번 꼬인 띠가 된단다. 이 신기한 성질의 띠는 우리 몸 속에도 들어 있지."

박사님의 말에 나는 얼른 손바닥을 앞뒤로 뒤집어 보았다.

"어디요?"

"어디 있게?"

박사님이 약 올리듯 물었다.

"애타게 하지 말고 빨리 알려 주세요!"

"바로 우리 몸의 세포에 들어 있지. 세포 속 유전자가 뫼비우스 띠와 같은 성질을 가지고 있단다."

박사님은 뫼비우스 띠의 성질을 활용한 과학 기술 가운데 가장 복잡하고 어려운 것이 복제 기술이라고 하셨다.

"유전자가 뫼비우스 띠의 성질을 가진 이중 나선 모양이라는 사실은 1960년대에 밝혀졌지. 1981년 한 연구 팀이 유전자가 뫼비우스 띠 모양이라면, 그것을 둘로 나누었을 때에도 처음과 같은 모양일 것이라고 생각했단다. 그들은 유전자를 두 개로 나누어 보았고 결과는 예상했던 것과 같았지. 덕분에 오늘날 개, 양, 소 같은 동물을 복제하는 기술까지 등장할 수 있었단다."

롤러코스터에도 수학이 필요해

엄마에게서 전화가 걸려 왔다. 연휴 동안 수학 숙제를 꼼꼼하게 하라는 것이었다. 도라는 바닥에 수학 문제집을 펼쳐 놓고 문제를 풀기 시작했다. 하지만 나는 입술을 삐죽거렸다. **수학이라면 딱 질색이었다.**

"난 롤러코스터 기술자가 될 거야. 그러니까 수학은 몰라도 돼."

그러자 애완용 두꺼비에게 입을 맞추던 마시멜로 박사님이 뒤를 힐끗 돌아보며 말씀하셨다.

"모르는 소리, 롤러코스터를 만들려면 **수학을 잘해야 해.**"

"롤러코스터랑 수학이 무슨 상관이에요?"

도대체 왜 수학을 잘해야 하는 거야?

물론 롤러코스터의 레일 모양이 뫼비우스 띠와 비슷하게 생겼다는 것을 알게 되었다. 하지만 그것은 어디까지나 모양일 뿐이지 않은가!

　　"롤러코스터와 수학은 떼려고 해도 뗄 수 없는 관계지. 롤러코스터가 달리는 동안 높이가 어떻게 변하는지 생각해 본 적 있니?"

　　"소리를 지르느라 높이의 변화는 생각할 틈이 없었어요."

　　"그럴 줄 알았다. 모든 롤러코스터는 천천히 출발한 뒤 속력을 내기 시작하는 지점이 가장 높고 이후로 점점 낮아져. 왜 그럴까?"

　　"재미있으라고요!"

　　도라가 끼어들었다. 나는 도라를 힐끗 노려보았다.

　　"그럴 리가 없잖아!"

　　"그래, 그건 아니란다. 높이가 높았다가 낮아지는 건 마찰력 때문이야. 롤러코스터가 움직이면 레일과 마찰이 생긴다고 했지?"

　　박사님은 우리가 이해하기 쉽도록 이야기를 차근차근 이어 나가셨다.

　　"달리는 롤러코스터도 바퀴와 레일 사이에 마찰이 생겨. 롤러코스터는 마찰을 이기고 계속 달려야만 하지. 자, 여기서부터 수학은 시작된단다. 마찰을 이기려면 어떻게 해야 할까? 레일의 마찰력보다 롤러코스터의 힘이 세야 해. 그러기 위해서는 레일을 만들 때 경사를 계산해야 하고, 그 경사를 이용해서 최고 속도와 최저 속도를 다시 계산해야만 하지."

　　박사님은 또 레일이 얼마나 큰 충격을 이겨 낼 수 있는지도 잊지 말고 꼭 계산해야 한다고 말씀하셨다.

　　"너무 복잡해요."

　　"롤러코스터는 수학이라는 부품으로 움직이는 과학 기술이란다."

박사님은 롤러코스터 레일의 길이에 따라서 최고 속도가 달라지고, 회전하는 각도 달라진다고 하셨다. 또 롤러코스터 열차의 무게에 따라 회전할 때 속도가 달라지고, 열차의 크기에 따라 롤러코스터에 미치는 중력, 달리는 시간 따위도 달라진다고 하셨다. 이렇게 롤러코스터의 모든 것이 수학과 관계가 있다고 했다.

"예를 들어서 롤러코스터의 의자를 만든다고 가정해 보자. 키가 몇 센티미터인 사람부터 앉아야 할지, 몸무게는 몇 킬로그램인 사람까지 앉을 수 있는지 계산하려면 어떻게 해야 할까?"

"수학 공식을 풀어야겠죠."

도라가 대답했다.

박사님은 고개를 끄덕이시며 롤러코스터를 만들 때 가장 중요한 것은 레일의 각도라고 하셨다. 각도가 마찰력, 저항력, 가속도를 결정하기 때문이라고 하셨다. 그러니까 수학과 친하지 않으면 절대 롤러코스터를 만들 수 없다는 결론이 나는 셈이다. 어쨌든 **수학과 친해야 한다.**

"보통 롤러코스터 레일의 각도는 뫼비우스 띠 모양으로 안과 밖을 자유롭게 넘나들 수 있게 만들지. 이때 적용되는 것이 바로 2차 함수야. 2차 함수의 최댓값과 최솟값으로 포물선 모양의 레일 각도를 조절하는 거란다. 함수는 들어본 적 있니? 함수 그래프를 한번 보자."

박사님은 함수를 이용해서 레일의 각도를 조절하고, 그것을 통해 속도를 **느리게도** 하고, **빠르게도** 한다고 말씀하셨다.

"게다가 롤러코스터가 원을 그리며 안전하게 회전하려면 출발점의 높이가 원의 반지름의 2.5배가 되도록 계산해야만 해."

"헉, 너무 복잡해!"

나는 머리가 "띵해졌다.

내가 무슨 말인지 이해할 수 없어 넋을 놓고 있을 때였다. 박사님이 내 머리를 쓰다듬어 주시며 말씀하셨다.

"롤러코스터는 단순한 놀이 기구가 아니란다. 수학과 과학을 이용해서 만들어 낸 엄청난 발명품이지."

자동차, 롤러코스터가 도다!

2012년 11월 18일, 경기도 고양시에서는 놀라운 일이 벌어졌습니다. 국내 최초로 360도 회전하는 자동차 롤러코스터 도전이 성공한 것입니다.

이번 자동차 롤러코스터 도전은 길이 70m, 높이 10m의 대규모 전용 레일에서 펼쳐졌습니다. 도전을 위해 사용한 비용만 3억 원 가량입니다.

도전 자동차가 회전 레일을 성공적으로 도는 모습이다.
연속 촬영한 자동차 모습을 합쳐서 하나의 사진으로 만들었다.

자동차 롤러코스터 도전에 성공하자 관중들이 회전 레일 앞에 모여 환호했다.

매서운 추위에도 불구하고 일산 킨텍스에서 진행된 자동차 롤러코스터 도전에는 300여 명의 관중이 몰렸습니다.

이날 도전에는 자동차 경주를 즐기는 가수 김진표 씨가 직접 도전을 하겠다고 밝혀 많은 언론사들의 취재 경쟁이 치열했습니다.

자동차 롤러코스터 도전은 주행 시 6G의 중력 가속도가 발생하여, 자동차가 부서질 위험이 있는 도전이었습니다. 도전한 자동차는 회전 주행 중 자동차 범퍼가 부서지고 번호판과 사이드미러가 떨어져 나갔습니다. 하지만 김진표 씨는 침착하게 완주하여 도전에 성공했고, 관중석에서는 우레와 같은 박수갈채가 쏟아졌습니다.

STEAM 쏙
교과 쏙

3학년 1학기 수학 2.평면도형

 모비우스 띠는 평면도형일까? 입체도형일까?

 평면도형은 평면 위에 있는 도형이고, 입체도형
은 공간에서 일정한 부피를 가지는 도형이다.
뫼비우스 띠는 평면도형인 직사각형의 양쪽 끝
을 한 번 꼬아서 붙인 형태이기 때문에 입체적인
모양이 된다. 따라서 뫼비우스 띠는 평면도형이
아닌 입체도형이다.

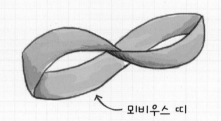

모비우스 띠

 모비우스 띠는 실생활에서 어떻게 사용될까?

 뫼비우스 띠의 가장 큰 특징은 안쪽과 바깥쪽이 구분되지 않는 도형이라는 것이다. 이런 모양
은 예술품과 장식품에 주로 사용하지만 공장이나 공사장에서 물건을 운반하는 장치에도 사용
한다. 물건을 연속적으로 운반하는 띠 모양의 운반 장치를 컨베이어라고 하는데, 이것의 벨트
부분을 뫼비우스 띠 모양으로 만든다.

컨베이어 벨트를 뫼비우스 띠 모양으로
만들면, 벨트의 양쪽 면을 모두 사용하
여 물건을 운반할 수 있다. 양쪽 면을 사
용하니 한쪽 면만 사용할 때보다 벨트를
더 오래 사용할 수 있어서 효율적이다.

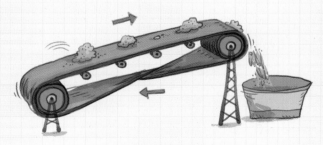

그래프란 무엇일까?

A │ 그래프는 어떤 자료의 특징이나 수량 사이의 관계를 한눈에 알아보기 쉽게 나타낸 것이다. 그래서 그래프는 자료를 보기 편하게 그림, 막대, 직선, 곡선 등으로 나타낸다.

그래프 종류에는 O표 그래프, 막대 그래프, 띠 그래프, 원 그래프, 꺾은선 그래프, 곡선 그래프 등이 있고, 이들은 자료를 어떻게 표현할지에 따라 적절하게 선택하여 사용된다.

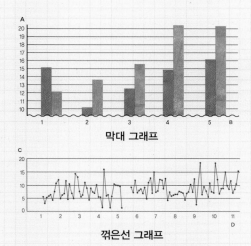

막대 그래프

꺾은선 그래프

회전 레일은 몇 도를 돌게 될까?

 │ 직각은 90도이다. 롤러코스터가 회전 레일을 한 바퀴 돌려면 직각 4개를 붙여 놓은 크기를 돌게 된다.

직각 4개를 붙인 크기는,

90+90+90+90 = 360이다. 따라서 회전 레일은 360도를 돌게 된다.

4장

스파크 맨은 누굴까?

아무래도 수상해…….

롤러코스터를 찾기 위한 도니와 도라의 활약

스파크 맨이 예술가라고?

롤러코스터에 대해 배우면 배울수록 단순한 놀이 기구가 아니라는 것이 분명해졌다.

나는 그럴수록 **궁금증이 커졌다.**

'스파크 맨은 대체 무엇 때문에 롤러코스터만 노린 걸까? 또 그렇게 큰 롤러코스터를 어떻게 훔쳤을까?'

나는 **답답한** 마음에 박사님께 물었다.

"박사님, 스파크 맨의 정체가 뭘까요?"

"뉴스를 보니 스파크 맨은 우리나라 롤러코스터뿐만 아니라 전 세계의 롤러코스터를 훔치고 다닌다더구나."

"맞아요. 그래서 제 꿈이 무너지고 있어요. 전 세계 롤러코스터를 다 타 보고 기념으로 티켓을 모아 간직하는 꿈이요."

나는 하늘이 무너지는 것 같았다.

타고 싶은 롤러코스터를 발견할 때마다 인터넷에서 정보를 찾아 기록해 두고, 용돈도 아껴 쓰며 모았는데……. 전 세계 롤러코스터가 하나둘씩 사라지고 있다니, 다시 생각해도 가슴이 찢어질 것 같았다.

중얼거리는 나를 지켜보던 박사님은 퉁명스럽게 말했다.

"스파크 맨은 엄청난 예술가일지도 몰라."

"예술가라고요?"

"그래. 세계 롤러코스터는 제각각 개성을 살려 디자인이 멋지지. 그래서 롤러코스터를 타는 스릴감 만큼이나 보는 재미도 있단다. 스파크 맨은 이런 디자인이 탐나서 전 세계를 돌아다니며 롤러코스터를 가져가는 것인지도 모르지. 그러니 예술가일 수도 있지!"

나는 스파크 맨을 대신해 변명하듯 말씀하시는 박사님이 미웠다.

"지금 스파크 맨 편을 드시는 거예요? 예술가는 무슨!"

"내 입으로 하고 싶은 말도 마음대로 못해?"

박사님이 갑자기 **벼락** 성을 내셨다.

"지금 도둑을 두둔하신 거잖아요! 전 지금 스파크 맨 때문에 속상해 죽겠다고요!"

나도 질세라 박사님께 **고래고래** 소리를 질렀다.

흐흐,
롤러코스터는
내가 가져간다.

비밀스러운 방

어느덧 창밖에 어둠이 깔리자, 박사님은 피곤해서 먼저 자야 겠다며 안방으로 들어가셨다. 그러면서 자기가 자는 동안 에는 집 안을 돌아다니지 말라고 하셨다. 특히 안방에는 절대 들어오지 말라고 강조하셨다.

절대 들어오면 안 돼.

출입금지

"**왜요?**"

"왜긴, 남의 집을 함부로 둘러보는 건 실례잖아."

도라가 또 끼어들었다.

나는 도라에게 베개를 집어 던지며 자라고 소리쳤다. 도라는 억울하다는 듯 입술을 삐죽거리며 누웠다. 나도 뒤따라 누웠다. 하지만 잠이 오질 않았다. **스파크 맨의 정체**가 무엇인지 궁 금하기도 하고, 롤러코스터가 사라진 이유가 무엇인지도 궁금해 서 가슴이 간질거렸다.

"양이나 세어 볼까……."

나는 누워서 양을 한 마리, 두 마리 세었다. 그렇게 한참 양을 세고 있을 때였다. 박사님의 방에서 초록색 불빛이 새어 나오는 게 보였다.

나는 몸을 벌떡 일으켰다. 박사님의 방에서 부스럭 소리가 났다.

"도라야, 일어나 봐."

나는 도라를 깨웠다. 도라가 잠에 취한 듯 **부스스** 눈을 떴다.

"박사님 방에서 이상한 소리가 나."

"잠꼬대라도 하시나 보지."

"그런 게 아냐. 저길 좀 보라고."

나는 초록색 불빛을 가리켰다. 도라가 눈을 비비며 고개를 갸웃했다. 그사이 나는 박사님의 방문을 슬그머니 열었다.

"그건 실례야!"

도라가 외쳤지만, 이미 방문이 찰칵 열리고 난 다음이었다. 나는 박사님의 방 안으로 들어갔다. 그런데 침대에 누워 계셔야 할 박사님이 보이지 않았다.

"박사님이 안 계셔."

"어딜 가신 거지?"

나와 도라는 박사님의 방을 두리번거렸다. 그때였다. 방바닥 아래에서 초록색 빛이 살짝 새어 나왔다.

부스럭거리는 소리도 그곳에서 나오는 게 틀림없었다.

"여기 문이 있어!"

나는 도라에게 문을 열어 보자고 했다. 도라는 무섭다며 내 팔을 꼭 잡았다.

"오빠, 초록색 괴물이라도 있으면 어쩌려고 그래? 박사님이 분명 화내실 거야. 우리 그냥 자러 가자."

"궁금해서 못 견디겠어. 대체 이 시간에 뭘 하시는 거지? 비밀스러운 방에서 말이야."

오호, 뭔가 냄새가 나는데.

킁킁, 냄새는 안 나는데.

나는 바닥에 놓인 문을 조심스럽게 들어 올렸다. 순간 내 눈은 휘둥그레지고 말았다. 퀴퀴한 먼지 냄새와 함께 내 눈에 들어온 것은 많은 롤러코스터 모형이 쌓여 있는 이상한 실험실이었다.

나와 도라는 사다리를 타고 아래로 내려갔다. 가까이에서 모형을 들여다보니 실제처럼 정교하게 만들어져 있었다. 보통 모형은 아닌 것 같았다.

'대체 이것들이 무얼까? 그리고 누가 여기서 무슨 실험을 하는 걸까?'

그때였다. **빠지직** 초록색 불꽃이 일어나더니 복면을 쓴 누군가가 나타났다.

나와 도라는 얼른 책상 아래로 몸을 숨겼다. 복면을 쓴 사람은 **흐흐** 웃더니 바닥에다 무언가를 꺼내 놓았다. 그것은 또다른 롤러코스터 모형이었다.

복면을 쓴 사람은 롤러코스터 모형에 이상한 기계를 갖다 댔다. 그러자 또 **불꽃**이 일며 건너편에 놓인 컴퓨터에 이상한 정보들이 입력되었다. 무슨 일인지 정확히 알 수 없었지만, 무언가 심각한 일이 일어나고 있는 게 틀림없었다.

스파크 맨, 꼬리를 잡히다!

복면을 쓴 사람이 하는 행동을 숨죽여 보던 나는 무언가 번뜩 떠올랐다. 바로 스파크 맨에 대한 것이었다. 스파크 맨은 롤러코스터를 흔적도 없이 가져가 버리는 도둑이다.

'만약 바닥에 놓인 저 모형이 가짜 롤러코스터가 아니라 진짜 롤러코스터라면 어떻게 되는 걸까. 저 사람이 이상한 기술을 이용해서 롤러코스터의 크기를 줄어들게 한 거라면!'

여기까지 생각한 나는 저 사람이 스파크 맨일 것이라고 확신했다.

'저 남자가 누군지 알아내야 해!'

나는 숨죽인 채 복면 쓴 사람을 노려보았다. 그때였다. 복면 쓴 사람이 또 흐흐 기분 나쁜 웃음을 짓더니 복면을 벗었다. 그 순간 나와 도라의 눈이 달걀만큼 커졌다. 입도 **쩍** 벌어졌다.

"박사님!"

스파크 맨의 정체는 바로 마시멜로 박사님이었던 것이다.

우리 목소리를 들은 박사님은 뒤를 획 돌아보더니 얼굴을 **띵그렸다.** 우리는 책상 밑에서 기어 나왔다. 박사님은 우리를 향해 무서운 목소리로 소리치셨다.

"내가 이 방에는 절대 들어오지 말라고 했을 텐데!"

"그 전에 먼저 이게 어떻게 된 일인지 설명해 주세요. 박사님이 정말 스파크 맨인가요?"

박사님은 약간 머뭇거리더니 말씀하셨다.

"그래, 내가 스파크 맨이야."

"아니, 대체 왜?"

"난 더 스릴 있고, 더 재미있는 롤러코스터를 만들기 위해 계속해서 노력해 왔어. 하지만 내가 마음먹은 것처럼 만들 수가 없었어."

그래서 박사님은 전 세계의 롤러코스터를 훔쳐서 그 기술을 모조리 베껴야겠다고 생각했단다.

"난 원래부터 놀이공원 사장이 되는 게 꿈이었어. 그래서 놀이공원에 설치할 세계 최고의 롤러코스터를 만들기로 결심했지."

박사님은 꿈을 위해 롤러코스터를 연구했는데, 얼마전 갑자기 애완용 두꺼비들이 새끼를 낳는 바람에 큰돈이 급히 필요해졌다고 했다. 그래서 세

계 최고의 롤러코스터를 빨리 만들어 돈을 많이 벌려고 했고, 그게 뜻대로 되지 않자 급기야 전 세계의 롤러코스터를 훔쳐 기술과 원리를 파악하려고 한 것이었다.

"그럼 이 책상 위에 있는 모형들은……."

"그래, 모두 진짜 롤러코스터를 작게 줄여 놓은 것들이지."

박사님의 말에 나는 눈을 부릅떴다.

"지금 당장 경찰에 박사님을 신고하겠어요."

나는 마시멜로 박사님을 향해 쏘아붙였다.

"롤러코스터의 원리와 기술을 파악하려니 어쩔 수가 없었어."

"하지만 그래도 어떻게……."

"제발, 날 신고하지 말아 줘. 시간을 조금만 주면 모든 걸 원래대로 되돌려 놓을게."

난 어찌해야 할지 고민했다.

박사님 마음은 이해가 되지만 그렇다고 해서 박사님의 잘못을 눈감아 줄

수는 없는 노릇이었다.

　나는 고민 끝에 박사님께 기회를 주기로 결심하고, 당장 모든 것을 되돌려 놓으라고 말했다. 박사님은 비밀만 지켜 준다면 반드시 모든 것을 원래대로 해 놓겠다고 약속했다.

　나와 도라는 스파크 맨, 아니 박사님을 믿어 보기로 했다.

　"좋아요. 시간을 며칠 드리겠어요. 그 대신 모든 걸 반드시 제자리로 되돌려 놓아야 해요."

　박사님은 그렇게 하겠다고 약속했다. 그때 도라가 중얼거렸다.

　"박사님, 커다란 롤러코스터를 작게 줄인 건 어떻게 하신 거예요?"

　"그건 내가 발명한 **작아져라 광선** 덕분이지. 그 광선을 이용하면 뭐든 작게 줄일 수 있어."

　"와, 나라면 차라리 애완용 두꺼비를 작게 만들겠어요. 그러면 먹이를 많이 주지 않아도 되잖아요."

　도라의 말에 박사님의 눈이 **휘둥그레졌다.** 미처 생각하지 못한 놀라운 아이디어라는 표정이었다.

　나와 도라는 어이없다는 표정으로 웃음을 터뜨렸다.

　"그런데 롤러코스터 종류가 이렇게나 많아요?"

　"그럼, 많지. 궁금할 테니 하나씩 소개해 주마."

지
지

혁, 그런 좋은 방법이!

살이 빠진 것 같아!

이러면 되잖아요.

세계의 롤러코스터

내가 가져온 세계의 롤러코스터를 소개해 주지.

헴 헴

물속으로 사라지는 바닛슈

바닛슈는 일본 요코하마의 코스모 월드에 있는 롤러코스터로, 물 사이에 설치된 공간을 엄청난 속도로 통과한다. 이 모습을 밖에서 보면 마치 롤러코스터가 물속으로 사라지는 것처럼 보인다.

자동차 회사가 만든 포뮬러 로사

포뮬러 로사는 아랍에미리트의 페라리 월드에 있는 롤러코스터로 세계에서 가장 빠르다. 자동차 회사에서 만든 롤러코스터답게 생김새도 자동차 모양이다. 이 롤러코스터의 속도는 무려 시속 약 240km로, 속도감을 즐기는 사람들에게 가장 인기 있는 롤러코스터다.

L자 모양 레일의 타워 오브 테러 투

오스트레일리아 드림 월드에 있는 타워 오브 테러 투는 L자 모양 레일을 따라 120m 높이의 타워에 올라가 잠시 멈춘 뒤 레일을 다시 거꾸로 내려온다. 약 7초간 무중력 상태를 경험할 수 있고 롤러코스터 옆에 자이로 드롭이 함께 있다.

발판이 없는 에쟈나이카

일본의 후지큐 하이랜드의 롤러코스터 가운데 하나인 에쟈나이카는 발판이 없어서 공중에 떠 있는 듯한 느낌이 강하다. 또한 좌석이 고정되어 있지 않고 회전하는 4차원 롤러코스터로 색다른 스릴감이 있다.

길고 긴 썬 오브 비스트

미국 킹스 아일랜드에 있는 썬 오브 비스트는 길이가 2,243m이다. 썬 오브 비스트는 나무로 만들어진 전 세계 롤러코스터 중에서 길이가 가장 길다.

썬 오브 비스트,
꼭 타고 말 거야!

엄청난 높이의 톱 스릴 드래그스터

미국의 시더 포인트에 있는 톱 스릴 드래그스터는 높이가 무려 128m나 되고, 최고 지점에서 시속 약 240km라는 엄청난 빠르기로 떨어지는 롤러코스터다. 10층 이상의 건물에서 뛰어내리는 것 같은 짜릿함을 느낄 수 있다.

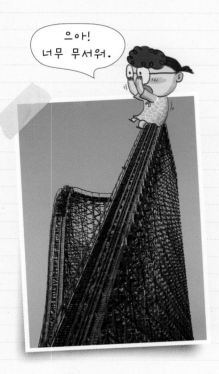

으아! 너무 무서워.

매우 빠른 엘 토로

엘 토로는 미국 식스 플래그 그레이트 어드벤처에 있는 롤러코스터로, 속도가 시속 약 110km나 된다. 세계에서 가장 빠른 나무 롤러코스터이자, 세계에서 떨어지는 구간이 가장 긴 나무 롤러코스터다.

롤러코스터 모양도 가지가지!

"세계에 이렇게 많은 롤러코스터가 있었는데 지금은 박사님 때문에 탈 수 없다니 속상해요."

"도니야, 정말 미안하구나. 그 대신 내가 롤러코스터에 대해 모조리 알려줄 테니 기분을 좀 풀어 보렴. 지금까지 타 본 롤러코스터는 어떤 모양이었니?"

"기차 모양이요. 앞에는 코끼리나 기린 같은 동물 그림이 있었고요."

도라가 눈을 반짝이며 대답했다.

"박사님, 전 독수리 모양 롤러코스터도 타 봤어요. 레일 아래에 열차가 매달린 거요."

나는 도라를 보며 으스댔다.

"롤러코스터 열차는 여러 가지 모양으로 만들어진단다. 말처럼 생긴 경마형 롤러코스터도 있지."

"경마요?"

경마형
롤러코스터

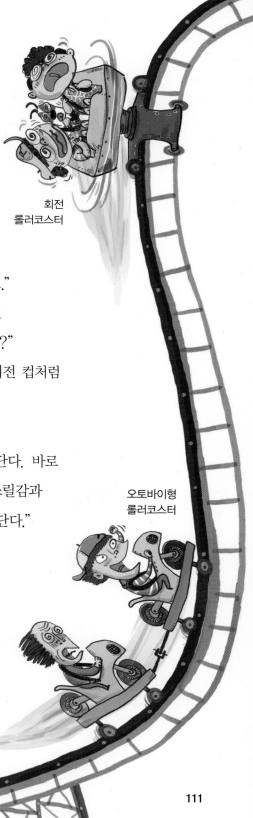

"그래, 말 모양의 롤러코스터 열차에 올라타고 경기장 트랙처럼 만들어 놓은 레일을 달리는 거지. 마치 레일을 따라 말을 타고 달리는 느낌이랄까?"

"말 타는 느낌이라니 신기해요."

"평범한 롤러코스터는 기차 모양이야. 증기 기관차를 본떠 만들기도 하고, 기차 모양 열차를 재미있는 캐릭터로 꾸미기도 하지."

"맞아요. 앞에 귀여운 아기 코끼리 그림이 있었어요."

박사님 말씀에 맞장구치는 도라가 괜히 얄미웠다.

"박사님, 좀 더 스릴감 넘치는 롤러코스터는 없나요?"

"물론 있지. 롤러코스터 열차가 놀이동산에 있는 회전 컵처럼 빙글빙글 돌면 어떨까?"

"맙소사, 그런 게 있어요?"

"그럼, 스릴 만점이겠지? 도니가 좋아할 게 또 있단다. 바로 오토바이 모양인데, 이건 오토바이를 타는 듯한 스릴감과 긴장감을 느낄 수 있어서 남자아이들이 특히 좋아한단다."

회전
롤러코스터

오토바이형
롤러코스터

11107

기차형
롤러코스터

레일 아래에 매달린
롤러코스터

하늘을 나는
기분이야.

봅슬레이형
롤러코스터

놀이 기구와
스포츠의 만남.

깡쪄이야!

"박사님, 제가 탔던 **독수리** 모양 롤러코스터는 레일 아래에 매달려서 마치 새처럼 하늘을 나는 것 같았어요."

"하늘에 붕 떠서 한참을 달리니 그렇겠구나. 미국의 테마파크인 식스 플래그에 있는 **배트맨**도 레일 아래에 매달려 달리는 롤러코스터란다."

"배트맨은 박쥐잖아요. 동굴 속에 거꾸로 매달린 박쥐와 레일 아래에 매달린 롤러코스터, 왠지 잘 어울리는데요."

"여기서 잠깐 기억력 테스트! 맨 처음 롤러코스터는 어떤 스포츠 기구와 비슷하다고 했었지?"

기억을 떠올리고 있는데, 도라가 옆에서 **불쑥** 소리쳤다.

"봅슬레이요!"

"그래, 바로 봅슬레이였지. 그래서인지 몰라도 봅슬레이 썰매 모양의 롤러코스터도 있단다. 레일도 봅슬레이 코스와 닮았지. 이 롤러코스터를 타면 마치 봅슬레이 선수가 된 듯한 느낌이란다."

"박사님, 또 다른 건 없어요?"

"서서 타는 롤러코스터, 발 받침이 없이 레일 위에 좌석만 있는 롤러코스터도 있지. 서서 타는 롤러코스터는 달리는 내내 서 있으니 긴장감이 커지고, 발을 놓을 바닥이 없는 롤러코스터는 마치 허공에 매달려 가는 듯한 공포감을 준단다. 이제 마지막으로 특별한 롤러코스터들을 알려 줄게."

박사님은 또다시 노트를 뒤적이셨다.

특별한 롤러코스터

와일드 마우스 롤러코스터

와일드 마우스 롤러코스터는 보통 4명 미만이 타고, 짧고 급격하게 회전하는 특징이 있다. 특히 회전할 때는 레일 바깥으로 튕겨져 나갈 것만 같은 공포심을 느낀다.

경기식 롤러코스터

경기식 롤러코스터는 두 대 이상이 비슷하게 출발하여 마치 경쟁을 하듯 운행하도록 설계된 롤러코스터다. 롤러코스터끼리 아슬아슬하게 부딪힐 것처럼 달리며 경쟁도 하여 탑승자들에게 쾌감을 준다.

코르크스크루 롤러코스터

코르크스크루는 코르크 마개를 뽑는 도구이다. 이 도구에는 나선 모양의 쇠붙이가 달려 있는데, 그 모양을 본떠 레일을 만든 것이 코르크스크루 롤러코스터다. 이 롤러코스터는 나선 모양의 레일을 빠른 속도로 빙글빙글 돌며 나아간다.

으아, 눈 돌아간다!

트위스트 롤러코스터

트위스트 롤러코스터는 레일이 서로 비틀리고 수차례 뒤섞인 듯한 모양의 롤러코스터다. 롤러코스터가 달리는 내내 머리가 부딪힐 것 같은 착각을 일으켜 탑승자에게 새로운 긴장감과 공포심을 불러일으킨다.

안전이 제일 중요해

박사님께 여러 가지 롤러코스터 소개를 듣고 있다가 나는 갑자기 궁금한 것이 생겼다.

"박사님, 롤러코스터는 안전한 걸까요? 사고가 나면 어떡해요?"

그러자 박사님이 낄낄 웃으며 말씀하셨다.

"일반적으로 롤러코스터는 탑승자에게 긴장감을 주기 때문에 위험하다고 느낄 수가 있지. 하지만 롤러코스터는 안전하단다. 미국의 한 놀이공원에서 1년 동안 롤러코스터를 이용한 탑승객 3억 1,900만 명 가운데 사고를 당하거나 다친 사람이 몇 명인지 알아봤어. 과연 몇 명일까?"

"그렇게 많은 사람들이 이용했다면 수십 명 넘게 다쳤을 거예요."

롤러코스터는 많은 사람들이 함께 이용하는 놀이 기구이기 때문에 안전을 위해 질서를 잘 지켜야 한다. 롤러코스터를 탈 때는 반드시 지정된 좌석에 앉아 등받이에 기대고 바른 자세로 타야 한다.

내 말에 박사님은 고개를 **가로저었다.**

"2명 정도란다. 사실 다른 놀이 기구의 경우와 비교하면 롤러코스터는 매우 안전한 편이란다. 물론 사고는 절대 일어나지 말아야 하지만."

"정말요? 다행이다. 듣던 중 **반가운** 소리네요."

나와 도라는 안도의 한숨을 쉬었다.

"롤러코스터를 설계할 때는 수많은 안전장치들을 함께 만든단다. 롤러코스터의 안전을 조절하는 컴퓨터 시스템은 롤러코스터의 속도, 레일의 상태, 탑승자의 무게, 레일의 부식 정도, 날씨, 기온 등을 모두 고려하지. 그래야 롤러코스터가 레일을 벗어나지 않고 **안전하게** 운행할 수 있단다."

박사님은 컴퓨터 시스템이 안전을 지켜 주더라도 언제나 사고가 발생하지 않도록 주의해야 한다고 말씀하셨다.

"가장 중요한 건 탑승자들이 안전 수칙을 잘 익히고 지키는 것이란다. 알겠지?"

"네, 잘 알겠어요!"

박사님 말씀에 우리는 합창하듯이 대답했다.

며칠 뒤 여행을 떠났던 할머니가 돌아오셨다.

우리는 남은 연휴를 할머니와 함께 보내고 집으로 돌아왔다.

집으로 돌아오는 버스 안에서 나와 도라는 놀이공원의

롤러코스터가 돌아왔다는 뉴스를 듣게 됐다.

하지만 크기가 작아져서 사람이 탈 수가 없다는 것이었다.

"에휴……."

나와 도라는 아무 말도 못 한 채
서로를 바라보기만 했다.

Q | 롤러코스터에도 디자인이 필요할까?

A | 사람들은 오래전부터 생활에 필요한 도구를 쓸모 있고 아름답게 만들어 풍요롭고 편리한 환경을 만들어 왔다. 디자인은 우리 환경을 아름답고 편리하게 만드는 행동이자, 그 결과물이다. 따라서 디자인은 사람들이 계획에 따라 새롭게 만드는 데 중요한 가치가 있다. 최초의 롤러코스터는 사람들에게 스릴감을 주는 것이 목적이었지만, 다양한 롤러코스터가 등장하면서 사람들은 롤러코스터 디자인에도 관심을 가지게 되었다. 현재 세계의 놀이공원에는 다양한 디자인의 롤러코스터가 자신만의 개성을 뽐내며 사람들에게 즐거움을 선사하고 있다.

에쟈나이카

바닛슈

Q | 포뮬러 로사의 열차 모양은 무엇을 본떠
디자인했을까?

A | 포뮬러 로사는 자동차를 만드는 회사인 페라리에서
만든 롤러코스터다. 페라리는 아랍에미리트 아부다
비 야스 섬에 페라리 월드라는 이름으로 놀이공원
을 만들고 롤러코스터인 포뮬라 로사를 만들었다.
포뮬라 로사는 경주용 자동차의 모양을 본떠 디자
인했다. 일반적으로 기차와 같이 폭이 좁고 긴 형
태로 만드는 롤러코스터들의 열차와 달리 자동차
모양처럼 폭을 넓히고, 앞쪽은 날렵한 자동차 디
자인을 본떴고, 자동차 바퀴와 같은 모양을 달
아 디자인을 완성했다.

Q | 코르크스크루 롤러코스터 레일은 무엇을 본떠
디자인했을까?

A | 롤러코스터 디자인은 열차 디자인과 레일 디자인으
로 나눌 수 있다. 코르크스크루 롤러코스터 레일은 실
제로 나선 모양의 코르크스크루를 본떠 디자인했다.
코르크스크루는 코르크 마개를 뽑는 도구로 일반적
으로 나선 모양의 쇠붙이가 달려 있다. 나선 모양은
원 형태를 그리며 뻗어나가는 특징이 있기 때문에
롤러코스터 레일에 적용하기 좋다. 코르크스크루 롤
러코스터는 나선 모양을 그대로 본떠 레일을 만들었
기 때문에 열차가 빙글빙글 돌며 달려 나간다.

핵심 용어

가속도
속도가 일정한 시간 동안 얼마나 변했는지를 나타내는 변화율.

관성
물체에 작용하는 외부 힘의 합이 0일 때 자신의 운동 상태를 지속하려는 성질을 말함. 일반적으로 질량이 클수록 물체의 관성이 큼.

관성의 법칙
과학자 뉴턴이 1687년 발표한 물체의 운동에 관한 법칙 세 가지 중 첫 번째 법칙. 외부에서 물체에 힘이 작용하지 않으면 물체는 자신의 운동 상태를 그대로 유지한다는 내용임.

구심력
원운동을 하는 물체나 입자에 작용하는, 원의 중심 방향으로 나아가려는 힘.

롤러코스터
경사가 있는 레일 위를 빠른 속도로 달리도록 만들어진 놀이 기구. 지상에서 일정한 높이까지 지지대를 설치하여 지지대 사이를 레일로 연결하고 그 레일 위를 오르내리며 달리도록 만듦. 궤도 열차라고도 함.

마찰력
두 물체가 접촉하여 운동을 하려고 하거나 운동을 하고 있을 때, 그 운동을 방해하는 힘.

무중력
중력이 없는 것처럼 느끼는 현상. 바이킹 같은 놀이 기구가 높은 곳에서 낮은 곳으로 내려올 때 안에 탄 사람은 몸이 붕 뜨는 것 같은 느낌으로 무중력 상태를 체험함.

수정체
눈동자 바로 뒤에 붙어 있는 볼록 렌즈 모양의 투명체. 대상과의 거리에 따라 두께가 변하면서 눈에 들어온 광선을 적당한 각도로 굴절시켜 망막에 물체의 상을 맺히게 함.

에너지
물리적인 일을 하는 능력. 일상생활에서도 많이 사용하는 에너지는 넓은 의미로 사용됨. 생활 능력이나 기계의 움직이는 힘 등을 의미하기도 하나 과학적 의미는 정확하게 규정됨. 어떤 물체가 일을 할 수 있는 능력을 가지고 있다면 그 물체가 '에너지를 가지고 있다'고 함.

에너지 보존
에너지의 총 양이 일정하게 보존된다는 법칙. 지우개를 실에 매달아 흔들면 좌우를 왕복하는 폭이 점점 줄어들다가 결국 정지함. 이것은 지우개의 위치 에너지와 운동 에너지가 마찰에 의한 열에너지 등으로 전환되었기 때문임. 따라서 에너지의 총 양은 보존됨. 이것이 에너지 보존 법칙임.

에너지 전환

하나의 에너지가 다른 에너지로 전환되는 것. 방바닥에서 고무공을 굴리면 고무공은 바닥을 굴러가다가 멈추거나 벽에 부딪혀 멈추게 됨. 고무공이 가진 운동 에너지가 사라진 것처럼 보이지만 실제로 고무공이 가진 운동 에너지는 방바닥과의 마찰이나 공기와의 마찰에 의해 열에너지로 바뀐 것임. 이렇게 하나의 에너지가 다른 에너지로 바뀌는 것을 에너지 전환이라고 함.

엔진

열에너지, 전기 에너지, 수력 에너지 등 여러 가지 형태의 에너지를 기계적인 힘이나 운동으로 바꾸는 장치. 주로 열에너지를 이용하는 열기관을 말함.

일

물체에 힘이 작용하여 물체가 힘의 방향으로 일정한 거리만큼 움직였을 때에, 힘과 거리를 곱한 값. 일상생활에서도 많이 사용하는 일은 넓은 의미로 사용되지만 과학적 의미는 이와 다름.

운동 에너지

움직이는 물체가 가지고 있는 에너지. 운동 에너지는 질량(무게)이 클수록 크고, 속력이 빠를수록 커짐.

원심력

원운동을 하는 물체에 작용하는, 원의 바깥으로 나아가려는 힘. 구심력과 크기가 같고 방향은 반대. 관성력으로부터 변형된 형태의 힘.

위치 에너지

높은 곳에 있는 물체가 가지고 있는 에너지. 높은 곳에 있으면 위치 에너지가 크고, 낮은 곳에 있으면 위치 에너지가 작음. 물체의 질량(무게)이 클수록 위치 에너지는 커짐.

속력

1초, 1분, 1시간 등과 같이 일정한 시간 동안에 이동한 거리. 속력의 단위는 m/초(초속), km/시(시속) 등으로 나타냄.

전기

전기 제품을 작동시키는 에너지. 전기는 빛이 되기도 하고 열이 되기도 함. 또 자석과 함께 쇠붙이를 끌어당기는 힘도 생김. 1897년 영국의 물리학자인 톰슨에 의해 전기의 정체가 규명됨. 그는 여러 가지 실험 끝에 전기는 아주 미세한 입자라는 것을 알아냄.

전기 에너지

전기의 상태로 되어 있는 에너지. 석탄, 석유 등 화석 연료나 나무를 태워서 얻기도 하고, 흐르는 물이나 원자력 등을 이용하여 얻음. 저장이나 운반이 쉽고 다른 에너지로 쉽게 전환되기 때문에 가장 편리한 에너지임.

질량

물체가 가진 고유한 기본 양. 장소나 상태에 따라 달라지지 않음.

일러두기

1. 띄어쓰기는 국립국어원에서 펴낸 「표준국어대사전」을 기준으로 삼았습니다.
2. 외국 인명, 지명은 국립국어원의 「외래어 표기 용례집」을 따랐습니다.